アセンション大預言

危機を乗り越える魂のヒーリング・ワーク

サイキック・ヒーラー
神岡 建
Kamioka Takeru

たま出版

はじめに

私は、サイキック・ヒーラーとしてこれまで多くの人にヒーリングを行ってきました。

ご存じのように、癒しやヒーリングを職業とする人のなかには、〝サイキック・パワー〟、つまり霊能力を備えた人がいます。

私の場合、七年前、突然のように〝創造主〟とも呼ぶべき〝存在〟が私にコンタクトしてくるようになりました。この世界でよく言われる、〝チャネリング〟が始まったのです。

以来、その〝存在〟は折に触れて私にメッセージを送ってくるようになり、私はそれを受け取るとメモに書いて残しておくようになりました。

それらのメッセージは、何年も積み重なってくると膨大な量になるものですから、すべてを覚えておくというわけにもまいりません。

ですから、ついついそのままになっていたのですが、忘れもしません、今年２０１２年1月のことです。何気なく書きためたメモを繰っていると、２００７年12月6日付の記述の中段あたりに、次のようななぐり書きがあるのが目に飛び込んできたのです。

２０１１年3月10日
（物質世界レベルで）
関東大地震
マグニチュード８・６
横浜は大丈夫、東京がやられる

そうです。これは、東日本大震災を三年以上前に誤差一日でリーディングしたメモなのです。東日本大震災の前日も、他界した母の霊が来て、『大地震が来るから逃げなさい』と言うので、ホームページにそう書いて警告しました。しかし、このメモについては、書き残していたことをすっかり忘れていたのです。このメモを見つけた時は、自分自身本当に驚きました。

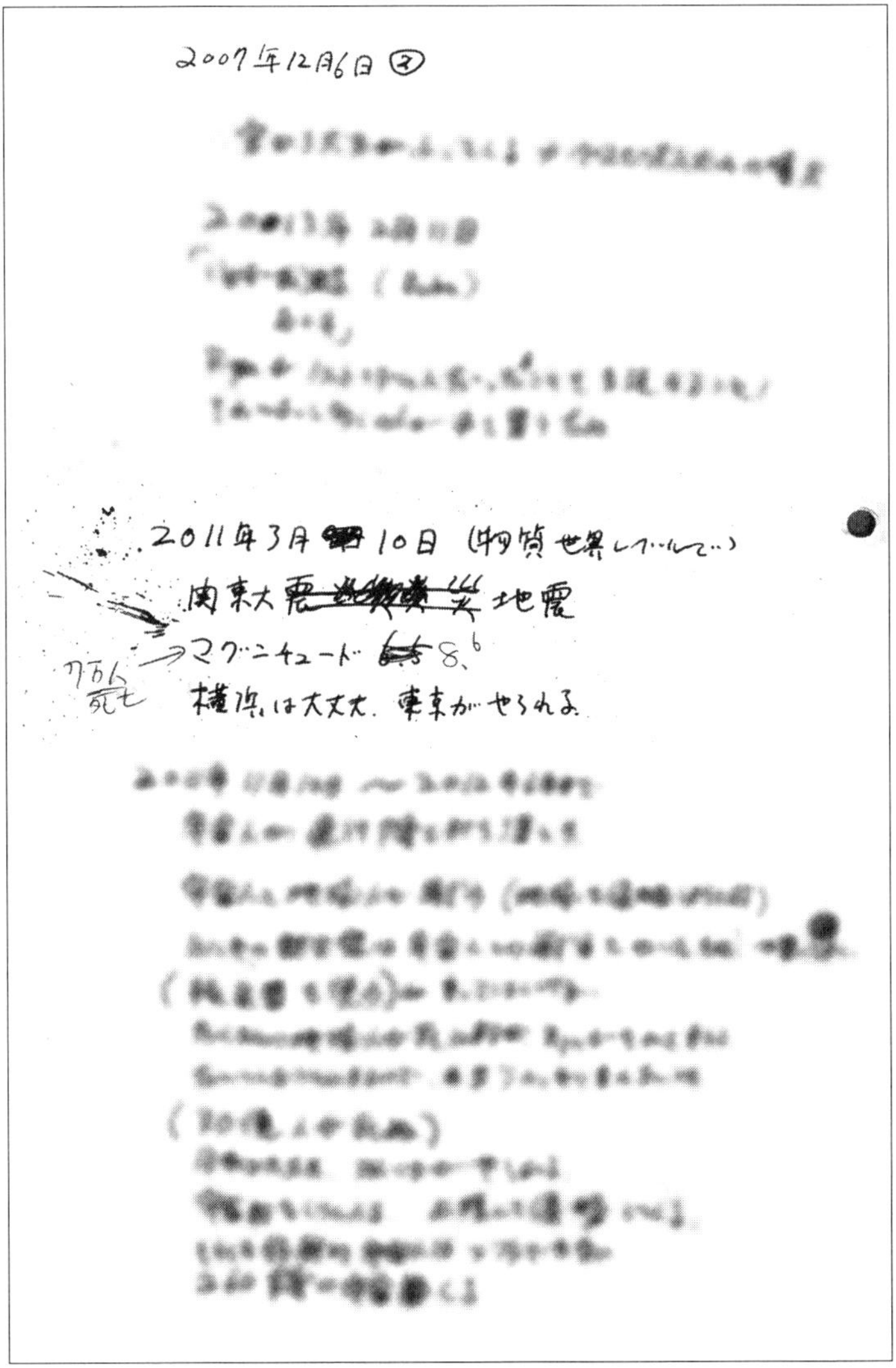
2007年12月6日 ②

2011年3月10日（物質世界レベルで…）
関東大地震
7万人死亡 → マグニチュード 8.6
横浜は大丈夫。東京がやられる。

本書が刊行される頃には、私は東日本大震災の後、東京から移り住んだこの神奈川県藤沢市におりません。というのも、今月（2012年8月）沖縄へ移り住む決心をし、すでに住まいも見つけてあるからです。私が沖縄へ移り住む理由は、ただ一つ、沖縄は日本で原発事故の影響が最も少ないであろう地域だからです。

次の大災害がいつ来るのか、それは風評被害の恐れがありますので、正確な日付までは申し上げられませんが、これからの大変動に続いて、最短なら2013年にはいよいよ本格的なアセンションのプロセスが始まるかもしれません。

本書を刊行したのは、読者の方々に、まさにそのアセンションに備えて、魂を大きくしていただきたいからにほかなりません。

魂のしくみと、それを大きくするためのヒーリング・ワークについては本章でくわしく述べてまいりますが、それを実践することによって自我意識が減衰し、宇宙の創造主（神様）との関係が強くなり、アセンションを乗り越えられることはもちろん、病気・不幸の原因が取り除かれ、宇宙の真理がわかるようになります。また、本書には波動の高い光のエネルギーが宿っており、繰り返しお読みになるだけでも魂の光が強く大きくなるでしょう。本書を読んでいただき、一人でも多くの人が救われれば、著者にとってこれ以上の喜びはありません。

目次

本文さし絵　神岡　建

第1部

魂

第1章　神様に出会うまで

今、私たちは宇宙の大変革期を迎えようとしています。もうすぐこの世界が半霊半物質の世界に移行する兆候が霊界や人々のオーラに現れているのです。その時期は、おそらく非常に間近に迫っています。昨年3月の東日本大震災や最近の異常気象、政治・経済の行き詰まりは、その移行プロセスの予兆かもしれません。

アセンション（宇宙の次元上昇）の時、魂がある一定のレベルまで成長を遂げていないと、この移行を乗り切ることができません。なぜなら、霊視によれば、胸の魂の光は、クオークのような球体がスピンしながら、螺旋《らせん》状に運行している構造を内包しており、そのスピンと運行のスピードが一定の速さを有していないと（すなわち魂の光が大きい利他的な心の人柄でないと）、アセンション後の高い波動の宇宙（光のスピードが速い宇宙）と波動が合わず、移行できないらしいのです。

私は魂の声に従い、１９９８年に会社を退職してヒーラーに転向しました。２００５年に神様から「人々の魂を大きくする本を書いてください」とチャネリングでメッセージを受け取り、それ以来、私は魂を大きくするワークに専念してきました。時が迫った今、これまでに学んだ魂についての大切なことをぜひ皆様にお話ししたいと思います。

まず「第1部　魂」では、私のこれまでの歩みを振り返りながら、魂とは何か？　どんな構造をしているのか？　どうすれば大きくなるのか？　についてお話しします。

そして「第2部　アセンション」では、アセンションまでのプロセスやアセンション後の世界について、ユニークな方法で神様から教わった内容をお話ししたいと思います。その内容は、大本（教）の出口直さんや出口王仁三郎さんのお筆先による〝世の立て替え・立て直し〟の予言や、岡本典明さんの自動書記による「ひふみ神示」（日月神示）の予言にも新たな洞察を与えることでしょう。

第1節　転機

①〝転職〟で出合った〝天職〟

私は現在、サイキック・ヒーラーとして、主にパソコンのスカイプ（テレビ電話）や電話による遠隔ヒーリングと遠隔リーディングを行っています。ご来院になって気功推拿《すいな》を受ける方もいらっしゃいますが、海外や遠方のクライアントの方が多く、自然に遠隔のお仕事が多くなりました。オーラを霊視し、邪気を浄化することで、心身の愁訴をヒーリングしたり、魂の声や未来のシナリオを霊視しながら仕事・勉強・対人関係などについての総合的なご相談を行っています。

しかし、私に生まれつき特殊な力や霊感があったわけではありません。東京に生まれ、ごく普通に大学の法学部を出て、十年以上保険会社で忙しく働いていました。

ところが、ある頃から自分の内面に変化が表れるようになったのです。会社の仕事にやり甲斐や情熱を感じられなくなり、もっと自分らしい仕事がしたいと思うようになりました。そして、弁護士になるための勉強に専念したいと思い、将来の保証もないまま会社を退職したのです。

その後、一年間は予備校で司法試験の勉強をしていました。しかし、本格的に勉強に取り組んでみたところ、好きだったはずの法律の勉強にも本気になれない自分に気付いてしまったのです。『さて困った……。本当にこれからどうしよう……』と考えてしまいました。

その時ふと、昔テレビで気功師が難病の子どもを治すドキュメンタリーを見て全身に電流が走るような衝撃を覚えたのを思い出しました。そして、自分がこれまで関わってきた世界を全部捨てて、人を癒すことをしてみたいと思ったのです。

私は心機一転、中医学、気功、推拿、中国医学のマッサージなどを習い、また欧米のヒーリングも勉強しました。

こうして、脱サラ後の仕事として、中医学系の整体院で推拿を施す整体師という仕事を得たのです。三十七歳のときでした。

②邪気の発見

人生何があるかわからないものです。整体院で働き始めた頃から、五感を超えた微妙な気感が強くなってきて、それを使って知覚してみると、病気や人体や物事の真相がよくわかることに気付き始めました。腰痛や肩こりを訴えてご来院になる患者さんたちの痛みや凝りのある部分には、必ず冷たくて手にビリビリと感じる見えないエネルギー「邪気」が感じられます。

そこで当初は、邪気のある部分や経絡に推拿を施していたのですが、やがて、自分の手から出すエネルギーで相手の体に触れずに邪気を浄化すると、物理力を使うよりずっと良い結果が得られることがわかりました。

③サイキック・センシング（霊視）

私の場合、人のオーラを肉眼で見るように知覚できるオーラ視力については、さほど強くありません。しかし一方で、他人のオーラや病巣の邪気を感じ取る感性は非常に敏感です。しかも、地球の裏側にいる人のオーラでも、名前を聞いて意識を向けると、ぼんやり知覚することができて、対象物との距離というものがおよそ関係ないのです。目で見るような知覚ではありませんので、私自身はこの感覚を「サイキック・センシング」と呼んでいますが、本書では便宜上「霊視する」または「リーディングする」と書かせていただきます。また、目で見る場合は「見る」、霊視やリーディングで捉える場合は「視《み》る」と表記します。

第2節　霊

①整体からヒーリングへ

私は次第に物理力による推拿を整体院で使わなくなっていきました。邪気を患部からきれいに浄化すれば、体に触れなくてもいろんな愁訴を緩和させてしまうことができるとわかってきたからです。私は〝邪気を浄化してオーラを美しく保つ〟ことを目標として、痩身や疲労回復が目的でない限り、相手の方にほとんど触れずにヒーリングを行うようになっていきました。そんな私の治し方は、当時働いていた整体院の流儀とかなり違いましたから、収まりの悪さを感じ始め、とてもわずかな元手しかありませんでしたが、意を決して独立し、ヒーリングスペースを立ち上げたのです。

②遠隔ヒーリングの発見

やがて、遠くにいる人の邪気を浄化するイメージングをすると、実際に浄化できることがわかってきました。遠くにいる人の風邪の邪気を知覚し、平癒をお祈りすると、相手の方は体が軽くなったり、熱が下がったりして楽になるのです。これは当初私にとって驚きであり、自分でもどうしてこういうことができるのか不思議でした。高血圧発作、子どもの急な発熱、重篤な内臓疾患による浮腫、肺疾患による危篤状態、パーキンソン病による要介護状態などが、私が遠隔でお祈りしてから好転したとのことで、とても感謝されました。

③浮遊霊やカルマ霊の発見

ある時私は、ドアを開けて入っていらしたクライアントの方の右側に、人間の形をした密度の違う空気の固まりのようなもの、すなわち誰かのオーラを感じたのです。これが霊なのだと、その時初めてわかりました。低い霊界に行ってしまった浮遊霊には、ビリビリした嫌な邪気のような感触があります。悪い性質を持った霊たちには、生臭いにおいや獣のような臭いがあります。白い影や黒い影として、一瞬姿が見える場合もあります。

オーラに浮遊霊が入ると、一瞬クラッとめまいを感じ、体が重くなって疲労感を覚え、気持ちも暗くなって不安感が強くなります。うっかりそのまま夜眠ってしまうと、必ず怖い夢や気持ちの悪い悪夢を見てしまいます。

また、強い怒りや悲しみなどの否定的な感情に同調して必然的に入ってくる霊たちもいます。否定的な感情を強く抱くと、オーラの波動が下がり、生きていながら低い霊界に落ちて、そこにいる病的な霊が入り、元気だった人が急に頭痛や腹痛や腰痛やアトピーになったり、視力が落ちたり、激太りしたりして体調を崩すこともあります。

こうして入ってくる霊は、過去生で自分と負のカルマ（後の章で詳しくご説明しますが、カルマはインドの言葉で、業《ごう》と訳されます。ここでの「負のカルマ」は、過去生の悪い人間関係に働いている力という意味です）があった霊である場合があり、あらかじめ執着や怒りなどの低い感情のエネルギーコードで結ばれています。これを〝カルマ霊〟と呼んでいます。カルマ霊を浄化するには、霊と自分とを結びつけている過去生の感情を神様の光で浄化し、その上で高い霊界へ上げる必要があります。

第3節　時空

①過去生の発見

やがて私は、人の過去生をぼんやりと知覚できるようになっていきました。例えば、ある人の百年前の過去生に意識のフォーカスを当てると、その過去生の霊が高い霊界や低い霊界に存在しているのを感じるようになりました。生まれ変わりや輪廻転生は、間違いなく存在します。

さらに、『この人の地上での仕事は何だったのだろう』と意識すると、仕事をしている過去生の姿形がおぼろげに感じられます。何かを一生懸命つくっているような姿や、大勢の人の前で何かを話している姿、歌をうたっているような姿や、誰かと闘っている姿などが感じられるのです。ちょうど、目隠しをされた人が手でピアノを触って、『あ、これはピアノだ』と判別するような感じです。ただし、それが実際にあったことであると客観的に証明する手段はありませんが。

私の周りには、有名な歴史上の人物だった過去生を持つ人も少なからずいます。古書や古い聖典には、その人たちの過去生の人物像が克明に記録されているケースもありますので、現在のその人と比較すると、面白いほど性格や行動が似ており、人格は千年以上昔とあまり変わらないことがわかります。

②未来のシナリオの発見

さらに私は、クライアントの方の未来に起こることが、その人の背中の奥の方に感じられるようになっていきました。未来のビジョンが日ごとに近づいてきて、ある日その人に重なった時に現実化しているのです。

ちなみに、物理学には「ニュートン力学的決定論」という説があり、未来は既に決定しているのではないかという議論がなされているそうです。

そうした感覚をもう少し厳密に述べると、近づいてくるというより、鉄道のレールのように先々まで敷かれている未来のシナリオ（自分自身の感情がつくり出したものですが）の上を、私たちが前へ前へと経験しながら進んでいるといった方がよいかもしれません。

相手の将来に起こることが、全部こうやって簡単にわかってしまうのなら何も苦労はないのですが、しかし現実には、時々私の自我意識や先入観が混じってあらぬものを視てしまったり、もっと先に予定されているシナリオをもうすぐ起こることとして捉えてしまい、リーディングが外れてしまうケースもあります。それでもピタリと当たってしまう場合が相当数あり、未来の出来事は霊界に一応のシナリオとしてあらかじめ存在しているのだと確信するようになりました。

ただし、未来のシナリオは絶対にそうなると確定しているわけではなく、神様と自分との関係次第で、より良いシナリオに変えていただくこともできますし、逆にいっそう悪いシナリオが現実化してしまうこともあります。

未来のシナリオは全て、個人化した神様としての自分の意識が創造パワーによって霊界につくり出しています。もしあなたが創造主である神様と良い関係にあるなら、良い未来を経験することができます。それは、あなた自身が神様としての意識、つまり神我の自分をしっかり持っていて、神我の意識通りに生きているために、神我がつくり出す良いシナリオを受け取るということなのです。ですから、自分の意識を変えることによって、未来は良くも悪くも変わりうるのです。

こうして私は、クライアントの方が抱えている問題を視て、今生の幼少期や過去生での遠い原因をご説明したり、将来何が起こりやすいかというシナリオをお伝えし、未然に悪いことを回避するためのリーディングセッションを行うようになっていきました。

陰・陽・中庸のシナリオ

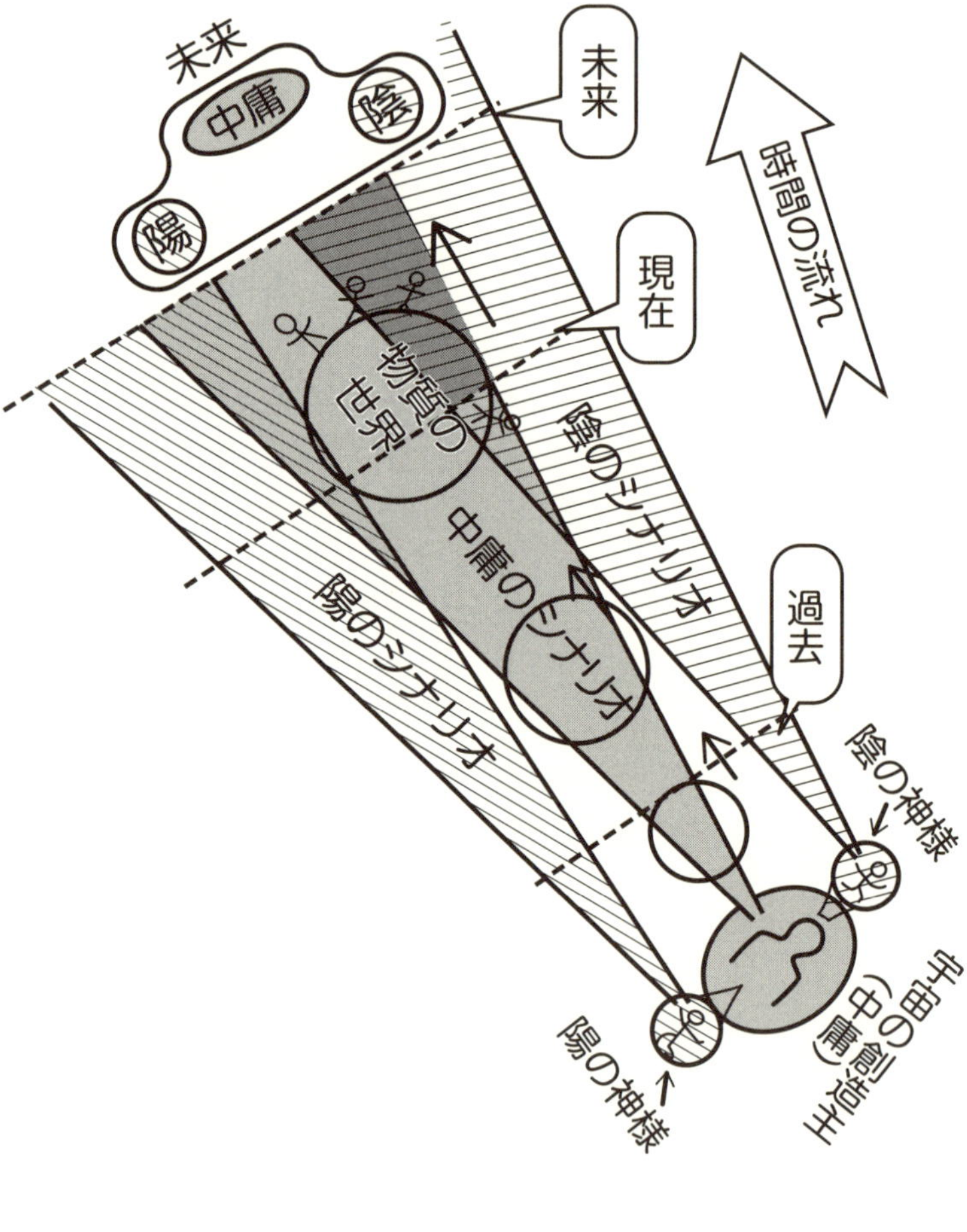

未来
中庸
陰
陽
未来
時間の流れ
現在
物質の世界
陰のシナリオ
中庸のシナリオ
陽のシナリオ
過去
陰の神様
宇宙の創造主（中庸）
陽の神様

第４節　光

①魂の光の発見

さらにヒーリング経験を重ねるうちに、私は胸に「魂の光」を知覚するようになっていきました。

私がヒーリングの勉強を始めた頃、アメリカのヒーラー、バーバラ・ブレナン博士の著書「癒しの光」（河出書房新社）を読みましたが、その中に「ソウル・シート」と呼ばれる胸の光が図入りで書いてありました。私が知覚し始めた胸の光は、印象や構造の点でその図とはかなり違いましたので少々戸惑いましたが、感覚としてはおそらく同じものだと思われます。本書ではわかりやすいように、この光を一般的な言葉で「魂の光」と呼びたいと思います。

やがてこの魂の光がこの上もなく重要なものだとわかってきました。

そして、この光こそが本書のテーマなのです。

さて、咽《のど》の下にある「天突」というツボ（左右の鎖骨が咽の下で出合う所にある深い凹み）から五〜六センチ下に、オーラ的な光を放射している魂の光の中心点があります。

ある日私は、この魂の光の中に神様が個別化した姿、自分の神我の姿が映っているのをサイキック・センシングによって発見したのです。

この時は本当に衝撃的でした。私たちの神我の姿は、この物質世界を裏側で支えている「根源世界」（もしかすると物理学の言う「反物質」の世界なのでしょうか）における、私たちの本質の姿です。この神我の考えている内容こそが、物質世界のその人の良心であり、理性であり、愛の意識なのだとわかってきました。

魂の光の中の神我はいつも静かに座っており、私たちの胸の魂の光の中に映って視えます。そして、魂の光の中には神我が考えている内容が動画的なビジョンとして映っています。

例えば、ある人がもっと高くて良いアパートに引っ越そうかと迷っているとしましょう。その人の自我意識は、『高い部屋に住むのはお金がもったいないからやめておこう』と言っているにもかかわらず、魂の光の中の神我は、『これから人々に良い仕事を提供していくには、少々家賃が高くても環境が良くて快適な部屋に住むことにしよう』と言っているかもしれません。そんな時の胸の魂の光の中を視ると、快適な部屋に引っ越す姿が動画のように映っています。それは、宇宙の創造主（あらゆる神仏の元となっている唯一の「宇宙の創造主」、あるいは「サムシング・グレート」を、以下に「神様」と呼ばせていただきます）が個別に分化した神我（内なる神）としての思考なのです。

神様の存在を信じる、愛に満ちた肯定的な人々は、魂の光が強く大きく、いつも自然に神我の意志が脳の主に前頭葉に昇ってきて、調和的な思考をすることができます。そうした神我の促しを実行に移すなら、良いシナリオが展開し、宇宙のサポートを得ながら平安と至福に満ちた人生を切り拓くことができるのです。


さらに私は、魂の光の中には神我の周りを螺旋がぐるぐる取り巻く形で存在しており、その線を拡大して霊視すると、全ての過去生の出来事や未来生のシナリオが刻まれていることを発見しました。少なくとも、私がそれまで読んだどの本にもその螺旋について書かれてありませんでしたので、私はこれを「ライフ・レコード」と呼ぶことにしました。

このライフ・レコードの中の螺旋は、一見すると一本の線のようですが、よく視ると一本ではなく、陰・陽・中庸の三本の線から成っていて、三本が集まって一本になっているのです。これを発見した時も本当に驚きました（68頁の図参照）。

魂の憧れが映っている女性

ちなみに、人のオーラには過去生や未来生の映っている場所がもう一カ所あります。それは、首の周りに放射されている襟巻き状の光の中です。ここにも、胸のライフ・レコードと同じ内容が大きく映っているのです。これを「光の花輪」と呼んでいます（第３章第６節①で詳しくお話しします）。

こうして私は、過去生や将来のシナリオをお伝えするリーディングやアドバイスを、心身のヒーリングと同じくらいのウエートで行うようになっていきました。

②光の源、神様との出会い

当初、私は自分の力でヒーリングをしているつもりでいました。私の気の力が特別に強いから浄化が起きるのだろうと――。

しかしその一方で、心のどこかには、『自分の力でできるはずがない』という疑いも常にありました。

そしてある頃から、この疑問に答えを与えてくれるケースに時々出合うようになりました。というのは、全く同じようにオーラの邪気を浄化しても、どうしても邪気の塊を浄化できないケースが出てきたのです。

それは例えば、クライアントの方が過去生からの強い負のカルマを持っていたり、今生の悪い行いや悪感情などがあり、それを改めない限り神様が浄化してくださらないような場合であったり、クライアントの方が神様を信じないために、神様がヒーリングという恩寵をお与えにならない場合であることがわかってきました。

しかし、そのような場合も、クライアントの方が考え方を改めて毎日熱心に神様へお祈りを捧げたり、慈善団体などへの寄付やボランティア活動などを一定期間純粋な気持ちで行ってから改めてヒーリングを試みると、今度は大量の光のエネルギーがやってきて、固くてテコでも溶かせなかった邪気の塊が、みるみる浄化されてしまうことがわかりました。

こうして私は、ヒーリングの背後にとてつもなく大きな神様という存在の意志が働いていることを強く意識しないわけにはいかなくなってしまいました。深いヒーリングが起きる場合、そのエネルギーは必ず創造主である神様からきているのだとわかってきたのです。深いヒーリングが起きてくれるかどうかは、結局、神様とクライアントの方との関係次第であり、私の役割はただ仲介役としてクライアントの方と神様との関係を正す方法をアドバイスしてあげることにすぎないのだと悟るに至りました。

さらに私は、地上の全ての人の魂の光の大本が、宇宙に唯一つの神様であることを発見しました。また、全ての人が皆同じ唯一の神様の体のいろいろな部分を構成していることもわかってきました。

例えば、Ａさんは神様の目から生まれた魂であり、Ｂさんは神様の足から生まれた魂であるといった具合です。そのようにして生まれ持った魂の使命というものが誰にもあって、それを行動に移していくと、その人は最も幸福を感じ、またうまくもいくことがわかってきました。

そしてついに、ある時からとうとう神様の声が私の耳の奥にかすかに聞こえてくるようになりました。例えば、『この痛みを治すには、神との関係をもっと良くしてください』といったかすかな言葉が、耳の奥に、静かにゆっくりと、非常に小さな声で聞こえてくるようになったのです。全てのケースで聞こえるわけではないのですが、しばしばこの不思議な声にガイドされながらヒーリングを行うようになっていきました。

第2章　サイキック感覚で視るこの世界

本章では、私が経験してきた世界をもっと具体的にお話ししましょう。

平凡な日常生活の中では、私たちが神様の存在を感じる機会はほとんどありません。しかし、サイキックの視点から視たこの世界は、神様の光と闇が織りなすオーラの世界です。心の在り方次第で、神様はさまざまな形でその存在を示してくださいます。

第1節　遠隔リーディング

①お店の満足度を遠隔でリーディング

例えば、旅行で初めての土地に行くような場合、普通ならどのホテルやレストランにしようかと、前もってインターネットで検索したり、ガイド本などで調べるものですが、私は真っ先にお店の方々の魂の光の強さ、すなわち神様との近さを調べてみます。

『おっ！　このお店はスタッフの魂の光が強くて波動が高い』と、遠隔リーディングで調べて予約した宿に到着してみますと、必ず細やかで素晴らしいサービスを提供してくれます。ベジタリアンである私の面倒なリクエストにも嫌な顔一つせず丁寧に応えてくださったり、部屋の設備や清掃も完璧に行き届いていたり、とても快適な時が過ごせるのです。

②魂の光が大きい人は〝源魂〟が神様の近くにいる

人々の魂の光の強さ、大きさを視るとき、私のメンタル・スクリーンには「根源世界」と私が呼んでいる世界が浮かんできて、その人の「源魂《げんこん》」が創造主からどれくらい離れた所に位置しているかがわかります。

ここで、「根源世界」と「源魂」について少しご説明しますと――。

宇宙の創造主である神様を霊視しますと、仏像のように結跏趺坐《けっかふざ》で静かに座っているお姿が触知的に把握できます。その頭からは、波動の違う四つの物質の宇宙が伸びていて、今私たちが住んでいる物質の宇宙もそうして生み出されている宇宙の一つであることがわかります。

「根源世界」は、神様を中心とした非物質の世界であり、意識の世界です。この意識の世界が元にあって、そのとおりの経験をする場として物質世界がつくり出されています。私たちの意識が現実をつくっているのです。

そんな根源世界で、神様が自我意識というパーティションによって無数の存在にご自分を分割してつくり出した「源魂」は、たくさんの光として渦を巻いています。ちょうど、星々が渦を巻いている銀河系宇宙の姿に似ています。目に見えないこの根源世界は、物質の宇宙も生み出しているのです。

それら根源世界の源魂が、物質世界の星々をつくり、星々から生じた光が、地上の人間の胸に魂の光として映り込んでいるのです（第6章第5節「アセンション」の項参照）。

根源世界の中心にいらっしゃる神様から距離の近い源魂たちは、大きな光に視えます。そんな源魂がハートに映っている人は、いわゆる〝魂の大きな人〟です。反対に、源魂が神様から遠い人は〝魂の小さな人〟です。

私たちは皆、根源世界のどこかに〝魂の本籍地〟である源魂が存在していて、物質世界の私たちが悟ったり、霊的な成長を遂げると、根源世界の私たちの源魂はすぐに神様に近づきます。そして、神様から多くの光を受けるようになり、地上の私たちの魂の光は、強く大きくなっていきます。

既にお話ししましたとおり、源魂の中には個人化した神としての私たちの姿があり、その静かに座っている姿が私たちの魂の光の中にも映っています。この神我の思考こそ、人

銀河系のような根源世界

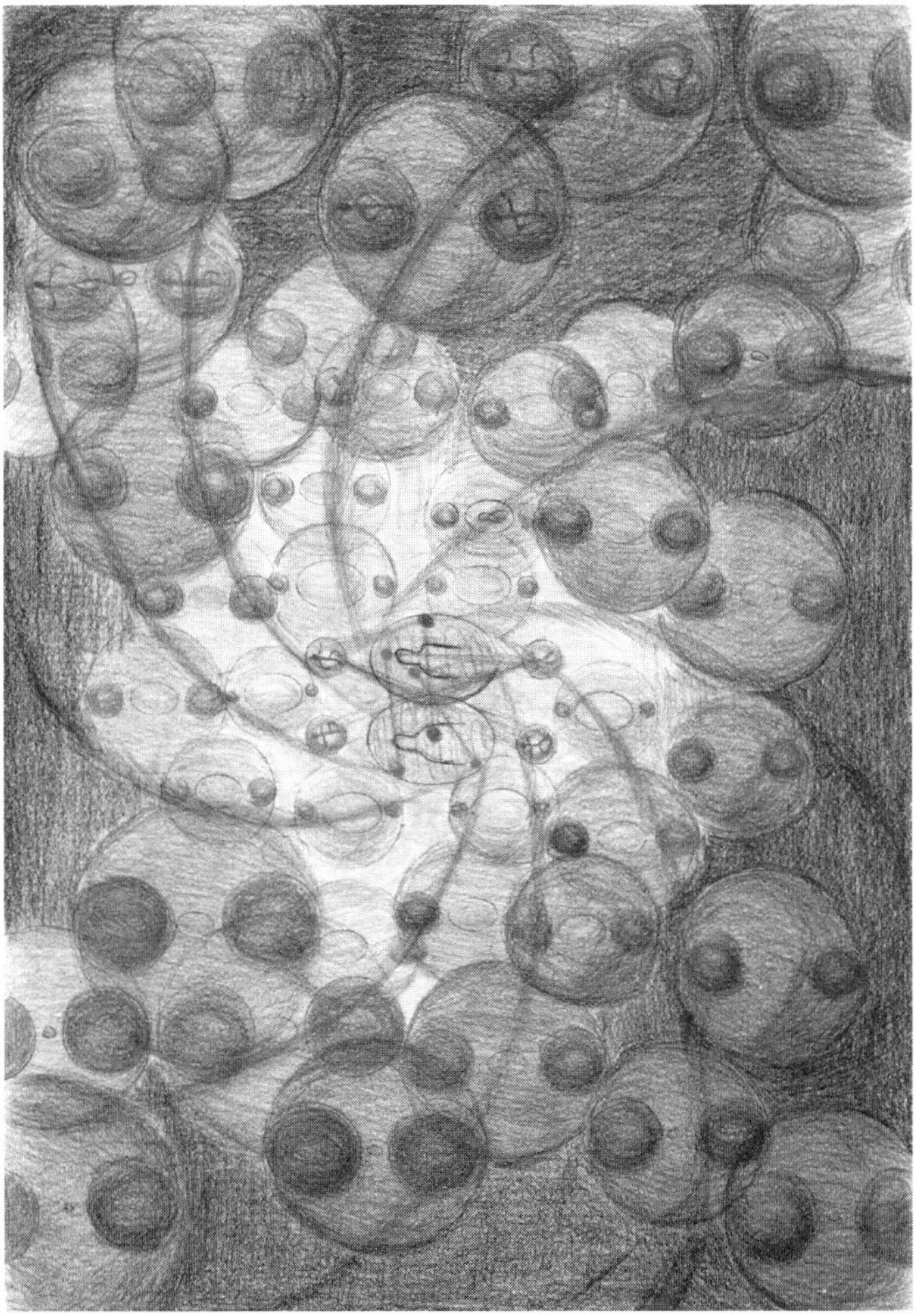

の良心なのです。

話を戻しましょう。例えば、ホテルやレストランに行って、『ああ素晴らしいお店だったな』と思うのは、必ずスタッフの方々の魂の光が強くて大きい場合です。そういう人たちは、根源世界で源魂が神様の近くに位置しており、神様の愛の光を強く受けて輝いています。そういうお店は、経営者の魂の光もまた強くて大きいのです。類は友を呼ぶと言いますが、経営者の魂の光が強くて大きい場合は、従業員の方々も魂の光が強くて大きい人が多く集まってきます。こういうお店は、神様のサポートが強く働いており、たいてい繁盛しています。

魂の光が強くて大きい人は、神我の意識がいつも強く脳に伝わり、自分の義務に忠実で、自己中心的な発想がありません。利益を得たいという利己心からではなく、人に喜んでもらいたいという利他的な動機で仕事をしています。仕事を通じて人を助けることに、生き甲斐や幸福を感じて働いているのです。

ところが、スタッフの方々の魂の光が弱くて小さいお店では、お客さんからのいろいろなリクエストに接すると露骨に嫌な顔をしたり、感じの悪い反応が返ってきます。自我意識が強く、お客さんを満足させることよりも、自分たちの都合を優先する気持ちが強いの

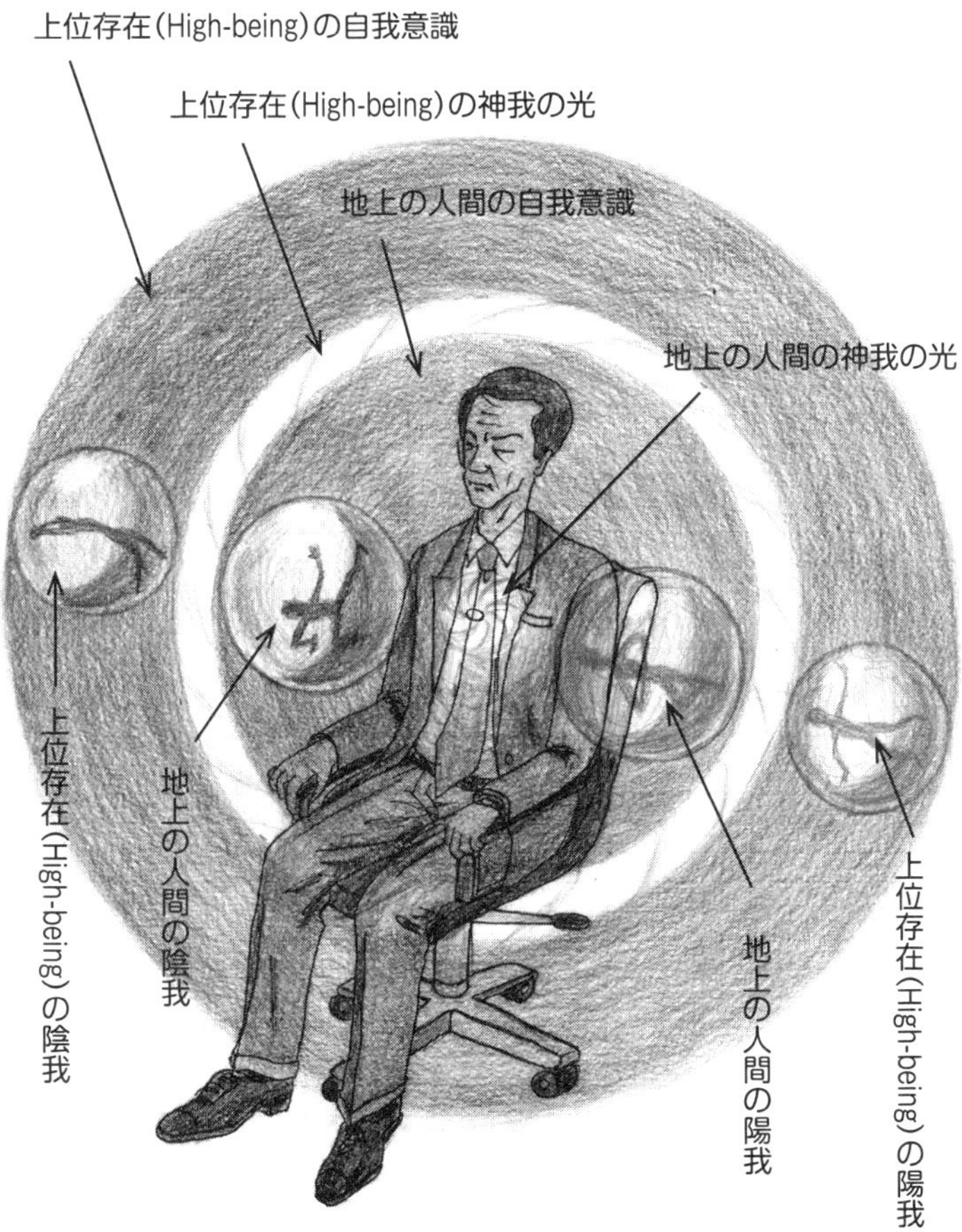

自我意識が大きく、魂の光が小さい人

です。値段は一流なのに、サービスに細やかな配慮がなかったり、見えない所で手を抜いていたり、仕入れの経費を節約していて素材が悪かったりします。神様は人の幸福を願う愛の意識の源ですから、根源世界で源魂が神様から近く、魂の光が強くて大きな人ほど優れた職業人であるのは当然と言えます。

③選挙候補者を視る

遠隔リーディングの力が私自身にとってとりわけありがたいのは選挙の時です。普通なら、候補者の人柄などの情報が全くないまま、『はて、一体誰に一票を投じようか』と途方に暮れてしまうものです。しかし遠隔リーディングなら、選挙当日ぶらりと投票所へ出かけていき、おもむろに掲示板の選挙ポスターの前に立ち、候補者の顔写真をじっと見ているだけで魂の光の強さ、大きさが感じられます。

もしも今日突然、国民の全てがサイキック感覚を手にして他人の魂の光の大きさが分かるようになったら、今の国会議員さんたちは次回の選挙で一体何人国会に戻って来られるでしょう。国会議員の皆さん、魂の光が見えない世界で本当に良かったですね。

しかし、そもそも魂の光のない人たちに投票してしまうのは、私たち自身の魂が我欲で曇っており、良い人を見抜けないためなのです。政治家を批判する前に、まず私たちが自らの魂を磨く必要がありそうです。

第2節　過去生や未来のリーディング

①過去生のリーディング

クライアントの佐久間清美さん（仮名・三十代主婦）は、昔から強い首の痛みに苦しんできました。むち打ち症でもないのに首が痛くて、前後左右に自由に回すことができませんでした。

佐久間さんの魂の中のライフ・レコードの過去生の部分を拡大霊視したところ、なんと、数百年前のヨーロッパのある過去生で、政治的な抗争によって首を傷つけられてしまったシーンが視えたのです。

霊界ではそのままになっていたこの過去生の女性の首を、私は丁寧に時間をかけて過去の時空の中でヒーリングしました。すると、今生の佐久間さんの首の痛みはその場で消え、首を前後左右に楽に回せるようになったのです。

かといって、私は佐久間さんの首をマッサージしたわけでもありませんし、触れもしませんでした。

過去生の霊をヒーリングしたら、今生の生まれ変わりのその人が治った――だからといって、私が見た過去生のビジョンが本当に歴史上起こったということの直接の証明にはなりません。しかし、〝間接証拠〟の一つとは言えるでしょう。

人々の心身の愁訴やトラブルを霊視していると、多くの原因が過去生にたどり着きます。そのため、期せずして有名な人物だった過去生が判明することがあるのです。

②未来のリーディング

私は未来の出来事をぼんやりした霊界のビジョンとして感じ取ります。霊界には、いろいろな未来の可能性が複数同時に存在しています。それらの複数のシナリオの中から、自分が強く発信している意識と合致するシナリオを引き寄せ、体験しているのです。

ですから、絶対にこうなるという具合に未来が決まっているわけではなく、当事者の意識などの可変要素次第で、未来のリーディングは全く外れてしまう場合もありますし、視えたものと微妙に違う結果になる場合もあります。しかしその一方で、全くリーディング通りのことが起こるケースもあります。

③事例～運命の人との出会いが日にちまで的中～

２００5年9月のことでした。私は、クライアントの竹中ひとみさん（仮名）から将来の結婚についてのリーディングを依頼されました。この時、霊視で視えた将来のお婿さんは、とても霊格が高くて優しい方でした。身長は百七十センチくらいであることや、その他の肉体的な特徴もお伝えしました。さらに、経済的に豊かであろうことや、仕事のビジョンを明確に持っている専門的知識を有する方であることなどをお伝えしました。

それから一年八カ月たった２００7年5月、竹中さんは、「まだ出会いがないのですが……」と、二回目のリーディングに来院されました。この時、「四カ月後の２００7年の9月X日か、あるいは9月XX日に運命の人と会っているエネルギーを感じます」とお伝えしました。

その後竹中さんは、「9月X日（私が申し上げた日）にパーティーを企画しているお見合いの会が三つあるので、そのどれかに参加しようと思いますが、どうでしょうか？」と訊かれましたので、三つのお見合いの会をリーディングしてみたところ、間違いなく竹中さんの将来の花婿さんが「A会」に加入しているエネルギーを感じました。そこで、A会をお薦めしたところ、彼女はそのとおり、9月X日にA会のパーティーに参加されました。

すると、「パーティーで私に声をかけてきてくださった男性がいるのですが……」と、すぐ竹中さんからメールが届きました。その男性を遠隔リーディングすると、まさに以前から霊視で視えていた運命の男性に相違ありません。私は、「その方が運命の人ですよ。どうぞ頑張ってください」とお伝えしました。

その後、「先生のお陰で出会えたので、あとは私が頑張ります！」というご連絡をいただいたのを最後に、竹中さんとは二年間ほど音信が途絶えてしまいました。

私は、『あの男性と結婚することができたかな？』と、時々思い出しては気になっていました。しかし、遠隔リーディングでとても幸せそうなオーラに視えていましたので、おそらく大丈夫だろうとは思っていました。

ちなみに竹中さんからの最後のご連絡は以下のとおりでした。

※　　※　　※

私は、以前、出会いを見てもらおうとサイキック・リーディングを受けました。その時に神岡先生から、出会いやすい日や相手の人の性格や、どのような仕事をしているのかとか、身長なども細かく教えていただきました。

神岡先生からせっかく教えていただいたので、わたしも努力しないと……。いつもどおりの生活では、出会えないかも……。と思ったので、その日は、出会えそうな場所に出かけました。

すると、神岡先生に教えていただいたとおりの人と出会えることができました。身長も、大きな会社で働いているのも神岡先生の見ていただいたとおりでした。

例えば、出会った日は9月X日なんですよ。そして、9月XX日にも会いました。本当に神岡先生、すごいです。びっくりしました。

後は……。ここからは、私が頑張らないといけないんだなぁーと、気合いを入れてます。あんまり自信がないですけど、頑張ります（^^）。

神岡先生のお陰で運命の人と出会えることができたので、その縁を大切にしていきたいと思います。ありがとうございました。

※　　※　　※

それから二年が過ぎた頃、竹中さんに私のワークショップのお知らせをお送りする機会がありました。すると、竹中さんから久々のメールが届き、そこにはうれしいご報告が書かれてあったのです。

「神岡先生、あれからご報告しないままで本当にすみませんでした。実はあの後、私はすぐ結婚して、今は赤ちゃんも生まれて、とても幸せに暮らしているのです」

この時、ご主人について伺ったところ、やはりリーディングで視えていたとおりの、とても優しいご主人だそうで、『私でいいのかな？』と思うくらいだとのことでした。リーディング通り、経済的にも安定されており、とても高度な専門知識を有する方だそうです。

肉体的な特徴も、身長は一センチの誤差でほぼ的中。年齢は一歳の狂いもなく、ドンピシャリでした。リーディングした当時に私が記録しておいた特徴と照合してみたところ、全くそのままでしたので、私自身も驚いてしまいました。

竹中さんという素直で純粋な心の女性のハートに住む内なる神様は、彼女を私の所へ来るようにお導きになりました。私も内なる神様に示されたままをお伝えしました。そのとおりに行動に移してくださった結果、運命の方とめでたく出会えたのです。

④浅間山噴火のリーディングが的中

ここからは、皆さんもご存じの社会事件に関するリーディング事例をお話ししましょう。

２００９年の2月1日の昼過ぎ、私はインターネットで「浅間山の火山活動レベルが2（火口周辺規制）から3（入山規制）に引き上げられた」というニュースを何気なく見かけました。最初は全く気にかけなかったのですが、しばらくしてから何となく気になり、ちょっと浅間山をサイキック・センシングで視てみることにしました。すると、噴火している浅間山の霊界のビジョンがすぐそこまで迫っているではありませんか。

そのビジョンと自分との距離感からすると、二十四時間以内に噴火しそうでした。噴火時刻は、おそらくその日の深夜か翌日の未明だとわかりました。妻が群馬に住む祖母に電話をかけて、「おばあちゃん、明日は浅間山が噴火しそうだから、落下物や降ってくる灰に気をつけてね」と伝えました。そして私は、次のリーディングをホームページに書きました（抜粋）。

２００９年2月1日（日）午後４時45分掲載
タイトル：浅間山大噴火の霊界ビジョンが見えます。
浅間山（群馬県と長野県の境目）の大噴火がもうすぐ来そうです。霊界のビジョンでは、もう24時間以内という感じです。２月１日深夜か２月２日未明頃でしょうか。

事実、浅間山はリーディング通り２月２日の未明、午前１時51分に噴火したのです。降灰は都内や千葉県の南部でも観測され、新聞の一面で大きな火を噴く浅間山の写真入りで報じられました。祖母は後日、「電話で言われたとおり、本当に翌日噴火したのですごく驚いた」と言っていました。

⑤東日本大震災を三年以上前に予言

２０１１年３月10日の明け方のことでした。十年以上前に亡くなった私の母の霊が、慌てた様子で霊界から降りてきたのです。

「早く東京から逃げなさい！　もうすぐ大きな地震が東京に来るから！」

と言って、いっこうに帰ろうとしません。

私は、『今はまだ夜明け前だし、今から寝たいんだけど……。困ったなあ……』と思いました。母の霊は、いつもお盆やお正月にお招きすると来てくれるのですが、母の方から来たのはそれが初めてでした。

こうして何かを訴えに来て帰らない霊を、〝訴え系の霊〟と私は呼んでいるのですが、経験上、訴え系の霊は、その主張をちゃんと聞いてあげて言うとおりにしないと霊界へ帰らないのです。とても温厚な人柄の母の霊が、そんなふうに執拗に言っているのだから、よほど大変な状況が迫っているのだろうと、私はピンときました。霊には将来が見えるらしいのです。思い返せば、あの頃、殆どの人々の隣にご先祖霊が降りて危機を告げていました。

そこで私は、眠い目をこすりつつ、地震の可能性をリーディングしてみて驚きました。確かにその時、東京と三陸地方の二カ所に強い地下のエネルギーがあって、大きな地震が来そうでした。ただ、三陸地方にはその頃Ｍ６クラスの地震が何度も来ており、常に強い邪気を感じていましたから、そちらはあまり驚きませんでした。むしろ、東京直下型地震になりそうな強い邪気が東京にあったのが気になって慌てたのです。私はホームページにすぐさまこう書いて更新しました。

２０１１年3月10日　午前4時12分掲載
もうすぐ東京に地震が来るビジョンが迫っています。
先ほど、私の亡き母の霊が来て、もうすぐ大きな地震が来るから気をつけるようにと言うのです。なるほど、東京にとても大きな地震が来るビジョンが迫っているのを霊界に発見しました。現在の時空との距離感から言って、地上に到達するのは本日２０１１年3月10日朝の8時30分頃でしょうか。神様がこのビジョンをキャンセルしてくれることを祈ります。三陸沖にM６クラスが連発しているので、そちらにも大きな歪みを感じますが、それとは別に、東京にも今ピンポイント的に強い邪気というか、深い歪みを感じます。気をつけていてください。

私は神様に祈り、『どうか東京直下型地震のシナリオを変えてください』とお願いしました。するとすぐに光が来て、東京の大地震のエネルギーは消えてくれたので、ホームページにも「東京の大地震はキャンセルされて大丈夫そうです」と再び書いてすぐ更新しました。一方で、三陸沖の地震エネルギーは恒常的なものと思い、気にかけなかったのです。

その翌日、3月11日の午後2時46分頃、私が仕事でお客様とお話ししていた時に、突然ユッサユッサと大きな長い横揺れが来ました。当時、マンションの三階にあったヒーリングの部屋がグワングワンと揺れている間、私は思いました。『東京の大地震はキャンセルされたビジョンが視えたはずなのに、すごい揺れだ……。でも、東京は壊滅的なことにはならないはずだ。確かにキャンセルされたビジョンが視えたのだから……』

それは、実は宮城県を震源とするM9の巨大地震だったとニュースで知り、『ああ、あの時リーディングで視えていた三陸のエネルギーの方が現実化してしまったのか』と思い至りました。しかし、確かに母の霊が言っていたとおり、東京にも震度5強の大きな地震が来たのです。

連日発表される死者の数はどんどん増え続け、東北地方が壊滅的打撃を受けた実態が次第にわかってきました。大規模な停電や輸送の麻痺で、東京のスーパーも水や食品がたちまち売り切れになりました。

その後一カ月経ち、計画停電もなくなり、ようやく東京にも普段の生活が戻った頃、久々に行った美容室で美容師さんがこう言いました。

「お久しぶりですね、あなたの予言が当たりましたね。あの大地震が来た時、以前あなたに教えてくださったことを真っ先に思い出しましたよ」

『――？』

私は、自分が以前何と言ったかとっさに思い出せず、キョトンとしていました。

「あなたは、『２０１１年の3月に大きな地震が来る』と私に言っていましたよ。なぜ覚えているかと言いますと、２０１１年の7月にテレビが地デジに変わると以前から宣伝されていましたよね。だから、『地デジに変わる前の3月に大地震が来るのか』と思って、はっきり覚えていたんです。いやあ、驚きました……」

そこでやっと思い出しました。それは２００９年頃のことでしたが、当時私は、２０１１年3月に大きな地震が来そうだと身近な方々に言っていたのです。それはそもそも２００７年12月にリーディングしてメモしておいた情報であり、そのメモが「はじめに」でお話ししたものです。

不思議な話ですが、経験則に照らしてみると、言ったきりでその後忘れていた予言ほど高い確率で現実化するようです。また、他の能力者の方もおっしゃっていますが、悪い将来が視えた時は、言ってしまった方が現実化しないようです。誰にも言わないで黙っていると、かえって現実化しやすいのです。きっと、強い意識エネルギーが将来のシナリオに干渉するのでしょう。

近い将来、再びとても大きな地震が来そうに視えています。それがもし現実化したら、放射能はさらにたくさん漏れるでしょう。周囲の方に随分話しましたが、やはり霊視のことですから、皆さん、眉につばをつけるばかりで真剣に聞いていただける方はあまりいません。

私は魂の声に従い、今月（2012年8月）の終わり頃、関東から沖縄へ移住することを決めました。

第3節　ヒーリング

①ヒーリングエネルギーでMRAの波動数値が改善

『祈りや見えないエネルギーが人や物質に働きかけるなんて本当にあるのだろうか』

こうした疑問を抱く方もいらっしゃるでしょう。2011年3月の福島第一原発事故の翌月の4月に、私は波動測定機MRA（Magnetic Resonance Analyzer）を扱っている専門家に依頼して、実験を行いました。MRAは、アメリカやヨーロッパで一九八〇年代以降開発されてきた機械で、物質や人の生命場（オーラ）の波動を測定する装置です。医療機器ではありませんが、いろいろなものの微細な波動を調べることができます。私のヒーリングを受ける前後で、人の波動の変化を比較したり、私が神様への祈りを込めた水や、パワー入りの特製ＣＤで食べ物や被験者を浄化して、その前後で波動数値を比較しました。

そうやってわかったのは、一見元気そうな方も、微細なオーラのレベルでは放射能の影響を受けているということ、東京の水道水も放射能の影響を受けており、とても健康度の低い水になっているということでした。また、私のヒーリングを受けたり、神様への祈りを込めた水を飲んでいただいた後は、全般的に波動数値が上がり、より正常な数値に近づきました。

放射能の入っている水や食べ物に手をかざすと、私は手がしびれる電気のような邪気の波動を感じます。そうした水を口に含むと、ピリッと辛い、刺すような味がします。これを、お祈りやお祈りの入ったＣＤで浄化すると邪気の感覚が消えるのですが、それが気のせいではないことが実験の数値に出たのです。

②ヒーリングのカギは神様との関係を良くすること

ヒーリングエネルギーの出所は神様です。いつもつくづく思うのは、やはり効果的なヒーリングやリーディングセッションは、クライアントの方ご本人と神様との良い関係が「中庸のシナリオ」を呼び込んだ結果として良い結果が起きるということです。
ですから、神仏や見えない力を素直に信じる方や、言葉や態度が良く礼節を重んじる方、肯定的な方、誠実な方、謙虚な方、奉仕的な方は、良い結果がどんどん出てくれます。
しかし、神仏や見えない力を信じない方、態度の悪い方、万事疑ってかかる否定的な方、嘘や隠し事の多い方、何かの怒りを手放す決心をなさらない方などは、私がいくら強いエネルギーを使って頑張っても良い浄化が起きてくれません。

次にご紹介するのは、目の邪気をヒーリングで毎月定期的に浄化されてきた詩人のI・Tさんの体験記です。ヒーリングを続けるうち、メンタルな悩みも過去生の感情を浄化するワークで解消されていきました。この素晴らしい結果は、不屈の精神で光を求め続けてくださり、神様との太いつながりを築いていかれたI・Tさんの努力の結果として与えられたのです。

「体験記〜ヒーリングを通じて神の存在を確信」（I・Tさん　詩人）

視覚の異常をはっきり自覚したのは、2002年の秋でした。視界の一部が奇妙にゆがんで、身体的・精神的に苦痛を感じるようになりました。病院で診察も受けましたが、どこへ行っても「異常はない」といわれ、途方に暮れてしまいました。

実際に先生の所を訪れたのは、２００４年の春頃だったと思います。最初の日、先生は私の目を覗き込まれて、目の中にある邪気を確認されました。そして、その邪気を取りのぞくことができればよいでしょう、といわれました。

最初は半信半疑でしたが、ヒーリングを重ねていくと、目だけではなく、その他にもいろいろな変化を感じるようになりました。まず、はっきりわかったのは、体調が格段に良くなったことです。わたしは、子どものころから虚弱体質で、疲れやすく、いつも独特のだるさにわずらわされていました。高校時代からさらに悪くなり、病院で検査を受けたり、漢方薬を煎じて飲んだりしましたが、結局、何も変わりませんでした。ところが、２００６年の初夏のある朝、ふと、体の倦怠感がきれいに消えてなくなっていることに気づいてびっくりしたのです。まるで、ほこりや虫の死骸でいっぱいだった物置小屋が、掃き清められ、採光の窓まで設えられて、明るい部屋に生まれ変わったようでした。

２００７年になると、目の邪気はほとんど消え、視界のゆがみがなくなり、ほぼ正常にものが見えるようになりました。このこと自体奇跡的なことなのですが、さらに驚かされたのは、わたし自身の内面に訪れた変化でした。わたしは若いころから原因不明のうつ状態に苦しんできました。世の中を肯定的に見ることができず、人生を虚しいと感じ、希望を抱けず自暴自棄的でした。私は心のどこかで、生まれてきたことを憎んでいたとすら言えます。

　ところが、ヒーリングを重ねるにつれ、それまで私をさいなんでいた奇妙な重苦しさ、絶望感、虚無感などが魔法のように消えていったのです。そして、その代わりに喜びの感情が流れ込んで来ました。まるで、心の周波数が変わって、それまで流れていたパンク・ロックが鳴り止み、代わりに神への愛を謳いあげるビバルディのモテットが聞こえてきたかのようでした。子どものときから取り憑かれていた死に対する恐怖心すら、雲散霧消してしまいました。今では、目の病気をわずらったことに心から感謝しています。

　このような経験を経て、わたしは神の存在を確信するに至りました。病気の原因は過去生にあり、その治癒は、神の光によって過去生の邪気を浄化することにより成就されました。今では、神を想いながら瞑想するだけで神とつながることができます。神のエネルギーが頭の上から入ってきて、体が光で満たされる感覚です。その感覚はとても強いものですので、けっして錯覚などではないことが分かります。このような感覚を得ることにより、わたしの信仰は更に深まりました。わたしをここまで導いてくださった神様に心から感謝いたします。

第3章　魂とは何か

さて、いよいよ本章からは中心テーマである「魂」のお話です。第2章までのリーディングやヒーリングの事例によって、私のサイキック感覚が捉えるオーラの世界が、おとぎ話ではないことがおわかりいただけたと思います。それと同様に、本章からお話しする魂もまた決しておとぎ話でありません。

第1節　魂の光（中庸のエネルギー）

私のサイキック感覚では、人間の魂の光は胸にあります。第1章第4節でもお話ししましたが、この「魂の光」の中心は、咽の下の首の付け根にある深い凹みの「天突」というツボから五～六センチ下にあります。「魂の光」は温かく、明るくて、ふんわりとした優しい感触のエネルギーです。ビリビリした「陰」のエネルギーやネットトリした重い「陽」

のエネルギーとは違って、中庸の軽くてニュートラルな安定したエネルギーです。「魂の光」は、全体としてはマユに似た横長の楕円球体をしています。より詳しく視れば、クオークのようなまん丸い球体が、くるくるとスピンしながら、螺旋状の起動を描いて運行しており、その軌道が全体としてマユのような輪郭をなしています。

男性の魂は、霊視で視た中性子と同じ構造をしており、女性の魂は、霊視で視た陽子と同じ構造をしています（第5章第2節参照）。心が利他的な人は「魂の光」が大きく、運行しているクオークのスピン速度と運行速度が速いのですが、利己的な人は「魂の光」が小さく、クオークのスピン速度も運行速度も遅いのです。後に第6章でお話しするアセンションの際、魂の光が小さい人は、アセンション後の宇宙の高い波動に同調できず、移行ができないのです。

その「魂の光」の中に、「神我」の姿があります。神我は、抽象的な表現ではなく、具体的に、実際に人の姿（神様の姿）をしており、手や足や顔があって、いつも静かに結跏趺坐で座っています。西洋人が霊視すればどうか分かりませんが、私にはそう視えます。この神我の思考内容も、胸の魂の光の中に映っているのです。

神我の意識は、神聖な愛や良心、理性といった個人化した神の意識です。

魂の光は、脳の前頭葉とオーラ的につながっています。神我の意識は、前頭葉に情報や指令を与えているのです。

胸の光から前頭葉に来る神我の意識は、動物的な欲求を超えた人間らしい高度な意識です。ですから、胸の魂の光が弱く小さい人は、前頭葉も光のエネルギーが乏しく、暗くて冷たいのです。

人間の場合、頭部にはその人の高次霊界での上位存在（ハイ・ビーイング）の魂の光が宿り、それから来る光が胸の魂の光を外側から包んでいて、二重構造の光の玉になっています。

ちなみに、動物は頭に魂の光があり、なんと、その中には人間の姿の個人化した神様が映っています。動物も、私たち人間と全く同様、神様が個別化している存在なのです。

『うちの猫たちも、動物の姿をしているけれども、実は神様……』

これを発見した時は、もう本当に驚いて呆然としてしまいました。

ただし、一部の例外を除き、通常の動物には高次霊界の上位存在はなく、人間のような二重構造の魂ではありません。

第2節　自我意識（陰と陽のエネルギー）

愛なる「魂の光」の外側には、「自我意識」の暗いエネルギーが包み込むように覆っています。この「自我意識」は、陰のエネルギー（拡散・破壊のエネルギー。恐れや嫌悪の感情）と陽のエネルギー（収縮・維持のエネルギー。欲望や執着、楽しい、好きという感情）とが混ざり合って出来たものです。

では、この陰のエネルギーと陽のエネルギーはどこから来たのかと言いますと、胸の左右にある「陰我」と「陽我」と私が呼ぶ二つの極から来ています。「陰我」と「陽我」は、もともとは「魂の光」の中から生まれ出ています。男性の魂は、「魂の光」を中心として、自分から見て右側に「陰我」があり、左側に「陽我」があります。女性は、自分から見て右側に「陽我」が、左側に「陰我」があります。

自我意識は、『私は神様から切り離されている。他人と自分は別々の存在である』という認識（あるいは錯覚）をつくり出しています。自我意識は、第二オーラ（へそ下のチャクラが司る感情オーラ）と強くつながっています。第二オーラは感情のオーラ層であり、好き嫌いのオーラです。このオーラ層は、喜び、楽しみ、欲望、野心など、積極的な感情や原動力（＝陽の意識）を提供してくれる一方で、恐れ、悲しみ、絶望、怠惰、無関心など、あらゆる否定的な感情（＝陰の意識）もつくり出しています。

自我意識である感情のオーラ層は、脳の大脳辺縁系や扁桃体とつながっています。ですから、自我意識の強い人や、好き嫌いの感情が強く、平安（中庸）が少ない人は、側頭部が暗く視えます。凶悪犯罪者や強い精神疾患を持っている人は、しばしばそう視えます。

第3節　魂と神々の関係

魂の光は、根源世界の〝宇宙の創造主〟につながっています。そして、陰我は〝陰（拡散・破壊・恐れ）の神様〟につながっており、陽我は〝陽（収縮・維持・執着）の神様〟につながっています。宇宙の創造主はいつも静かに座って視えますが、陰の神様は、いつも忙しくバリ舞踊そっくりの優美な舞いを踊っている姿で視えます。陽の神様もやはりバリ舞踊のような舞いを踊っています。

インドのヒンズー教では、創造の神「ブラフマ」と破壊の神「シヴァ」、それと維持の神「ヴィシュヌ」が重要な三つの神様とされています。日本神話では、天地開闢《かいびゃく》の神が高天原《たかまがはら》に生まれた「天之御中主神《あめのみなかぬしのかみ》」で、「高御産巣日神《たかみむすひのかみ》」と「神産巣日神《かみむすひのかみ》」を加えた三つの神様が造化三神とされています。私が視た宇宙創造のビジョンはこれらの神話と似ており、大いに関係があるのではないでしょうか。

第4節　陰と陽は「悪」なのか？

では、自我意識をつくり出している陰の神様や陽の神様は、悪なのでしょうか。

この問いに答えるのは、そう簡単ではありません。と言いますのも、そもそも陰と陽の神様を生み出したのも究極の創造主である神様であり、それが形を変えたものだからです。陰の神様と陽の神様のエネルギーは、全ての物質に浸透しており、万物を支えていて、極めて大事なものです。

陰と陽の二つがなければ、万物は存在しません。根源世界で生まれた陰と陽のエネルギーは、物質世界ではクオークや電子として反映されています。宇宙や自然界にとって、陰と陽は不可欠で重要なものなのです。多様なものが存在するこの世界をつくり出すために、神様は陰と陽に姿を変えて、それらで出来た自我意識というパーティションによってご自分を多くの存在に分断されているように見せかけ、多様な世界をお造りになっているのです。

ところが、私たちの幸福や健康や社会の平和のためには、これら陰と陽の神様に由来する自我意識はできる限り心の中から浄化し、中庸の意識だけになっていくことが極めて大切なのです。

自我意識があると、他者のエゴと衝突して怒りを感じますが、祈りや奉仕や瞑想などの霊性修行で神我を強め、自我意識を浄化していくに従い、創造主の意識に近づいていきます。その結果、世界の分離という幻想から解放され、他者の自我意識に触れても、それを〝無限の自己〟の一部としてとらえ、受け入れて包み込む境地になっていけるのです。その時、善対悪、光対闇という二元世界を超越し、全てを包摂して対立を越えた境地に至ることができるでしょう。これが、昔中国の老子が説いた〝無為自然〟という境地ではないでしょうか。霊視では、老子は宇宙の創造主の化身の一人でした。

第５節　魂の光こそ幸福感の正体

誰もが幸福を願っています。幸せになりたくない人はいません。でも改めて考えてみると、幸せというものは一体何でしょう。それは、人によって違うから一概には言えないのでは、という方もいらっしゃるでしょう。

確かに、歌手になって歌を人々に聴いてもらうことが幸せと考える人もいれば、堅実な主婦として夫を支えたり、子どもを立派に育てあげることが幸せだと思う人もいます。はたまた、ビジネスでお金をたくさん稼いで豊かな暮らしをすることが幸せだと考える人もいれば、人に何かを与えて喜ばれることが幸せだと考える人もいます。

しかし、サイキックな観察からすると、幸福感に満たされている人のオーラの状態は、同じように明るく輝いています。人によって個性に合った千差万別の生き方やプロセスがあることはもちろんですが、そうしていろんなプロセスを経た結果として、魂の光が強く大きく輝き、オーラ（特に第四オーラ）全体が明るく、波動の高いエネルギーを放っている――そういった人が幸福なのであり、それこそは神様の神聖な光のエネルギーが魂やオーラに豊かに届いて輝いている状態なのです。

ところで、幸福と似ていながら、それと全く非なるものがあります。それは、自我意識で分離された個としての存在がいっそう確保された刹那に味わえるつかの間の強い興奮（陽）のことです。簡単に言えば、「楽しい」という感情です。

人は楽しさを求めてやみません。例えば、たくさんのお金が貰えた時、ゲームや賭け事や仕事で他者に勝った時、おいしいものを食べた時、立派な家を建てた時……。そういう時に、個としての自己の存在がいっそう確保され、強い興奮と歓喜を味わうのです。多くの人がそれを幸福だと考えています。

しかし、それらを手にすれば、次には失う恐れ（陰）が必ず待っています。宇宙の法則により、陽は陰を呼び、陰は陽を呼ぶからです。お金は使えばなくなりますし、勝負はいつか負ける時が来ます。おいしいものもいつも食べていれば飽きますし、成人病になります。家は数十年で建て替えが必要になります。高収入でイケメンだった夫も不況で解雇されたり、老いて中年太りになります。それはちょうど、灼熱の砂漠の地平線の彼方に浮かぶ蜃気楼のオアシスを追いかけるように儚《はかな》いものです。

真の幸福は、そういった目に見えるものではありません。何かを得たり、楽しいという感情でもありません。むしろ、それらと無縁のものなのです。それらを超越した、静かで満ち足りた不変の至福の境地。全ての人が同じ愛なる神の現れであるという一体感。自分もまた不変の愛であるという絶対的認識。それが真の幸福であり、中庸の境地なのです。どれだけ自我意識を減らして源魂が神様に近づけたか、幸福はそれ次第です。

第6節　魂の中のライフ・レコード

さて、「魂の光」の中には「ライフ・レコード」と私が呼ぶエネルギーの螺旋があります。その中に、私たちの過去生の記録が動物時代や植物や鉱物まで含めて全て刻み込まれています。

さらに、それには未来の青写真も刻まれています。先にも触れましたが、陰・陽・中庸の三本の過去生のレコードや未来のシナリオが一本に集まり、螺旋状になっているのです。左向かって左側の螺旋部分には、人間になってからの過去生の記録が刻まれています。左側に行くほど、古い人間の過去生が記録されています。また、その人に向かって右側の螺旋部分には、魚類、恐竜、哺乳動物などの人間以前の古い過去生が刻まれており、植物や鉱物や気体だった時代まで刻まれています。

今生のライフ・レコードは、胸の真ん中の正中線沿いにあります。今生のレコード上のハート・チャクラよりも上部には今生の過去の記録があり、下には今生の未来のシナリオがあります。

魂の中のライフ・レコード

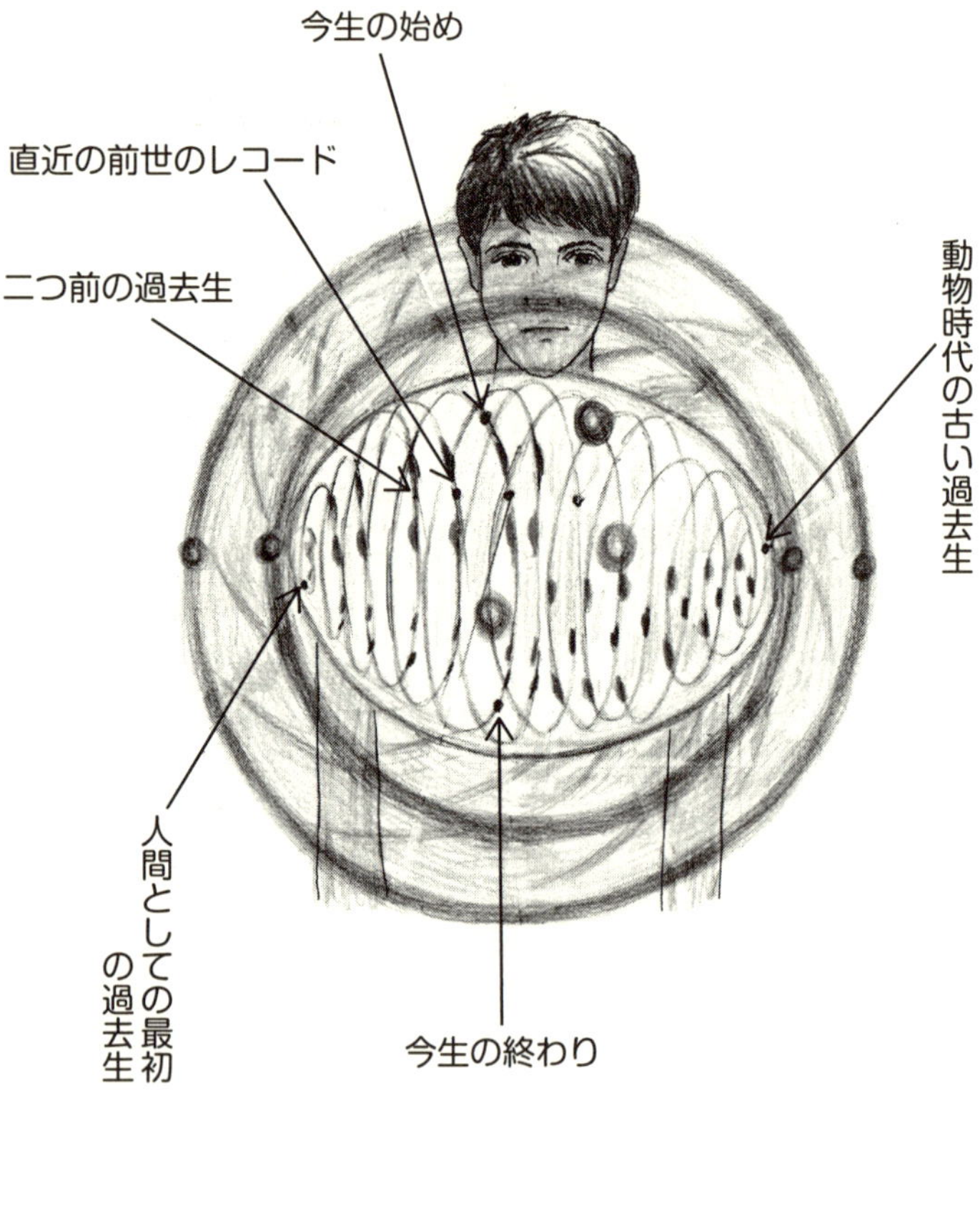

①過去生や未来生が記録されている「光の花輪」

胸の魂の光の中に螺旋状に存在しているライフ・レコードの光のエネルギーは、上の首の周りへと放射されており、首をぐるりと取り巻く「光の花輪」のように感じられます。それはちょうど、子どもがお風呂で親に頭を洗ってもらう時に被る、あの〝シャンプー・ハット〟のようです。それを頭に被るのでなく、首に巻いたような形の光です。その光の中に、その人の全ての過去生や未来のシナリオが記録されているのです。

この「光の花輪」について私が最初に知ったのは、昔、私がヒーリングを始める前、アメリカのヒーラー、バーバラ・ブレナン博士が、講演会で「首の周りにその人の過去生が現れている」とおっしゃったのを聞いた時でした。その時は、まだ私のサイキック感覚が出てくる前でしたので確かめようもなく、ただ興味深く伺っただけでした。しかし、自分がヒーラーになって数年経ったある日、人々の首の回りに「光の花輪」があるのを私も知覚し始めたのです。

インドの聖者であるサイババ様のテルグ語の詩に、次のようなものがあります。

人が母親の胎内から出てくる時、

その首に花輪は掛けられていない
真珠で出来た宝飾品や光り輝く金の飾りも掛けていない
エメラルドやダイヤモンドのような高価な宝石をちりばめた首飾りも掛けていない
けれども、首にはある一本の花輪が掛けられている
ブラフマー神がその子の過去の行為の結果をつなぎ合わせて、
重い花輪をつくり、誕生の時に首に掛けるのだ

――「シュリ・サティヤ・サイ・ババ　アルティ・ルッドラ大供儀祭」より（サティヤ・サイ出版協会　118頁）

この詩に詠《うた》われている〝誕生の時にブラフマー神が首に掛ける過去の行為をつなぎ合わせた重い花輪〟とは、私の言う「光の花輪」を指しているのではないでしょうか。胸の魂の光の中の螺旋状のライフ・レコードの中に、非常に小さな動画のビジョンとして保存されている過去生の内容が、「光の花輪」の中にはいっそう大きく拡大されて映っており、より詳しい動画の映像として感じ取ることができます。胸の魂の中のライフ・レコードと、「光の花輪」が同じ内容であることは、自分で観察していて初めて発見したものです。

ただし、「光の花輪」の中に記録されているさまざまな場面は、肉眼で映画を見るよう

にはっきりと見えるわけではなく、いろいろな人物や動物のシルエットがうごめいているシーンがぼんやりと感じられて、なんとなく漠然と怒っているとか、喜んでいるとか、戦っているとか、愛し合っているといった、おおよその感情や動作がわかるだけです。

光の花輪の向かって左側（本人から見て右側）には、古い動物時代の過去生の記録があり、向かって右（本人から見て左）にいくほど最近の過去生の記録が視えます。

その光の中に無数にある過去生の記録の中の、ある一つの過去生だけをとってみると、首から始まって体の外側へと一直線に伸びる線状になっています。その光の線の首に近い方（内側）には、幼い頃の記録が刻まれており、首から遠い方（外側）ほど最近の記録があります。

驚くべきことに、その花輪は内側から外側へと進むバウムクーヘン的な多層構造になっており、内側ほど古い宇宙の記録で、外側ほど新しい宇宙の記録なのです。

そして、私が神我の意識で光の花輪を霊視すると、もうすぐ全ての人々のこの宇宙での未来の部分は暗くなって終わっており、人によっては外側の花輪の層があって、そこに新しい宇宙のシナリオが現れているのです。

しかし、私がエゴの意識で霊視すると、もっと先までこの宇宙の未来が視えますが、それは大変に過酷な絶望の未来です。このように、人類の未来のシナリオは今大きく分けて

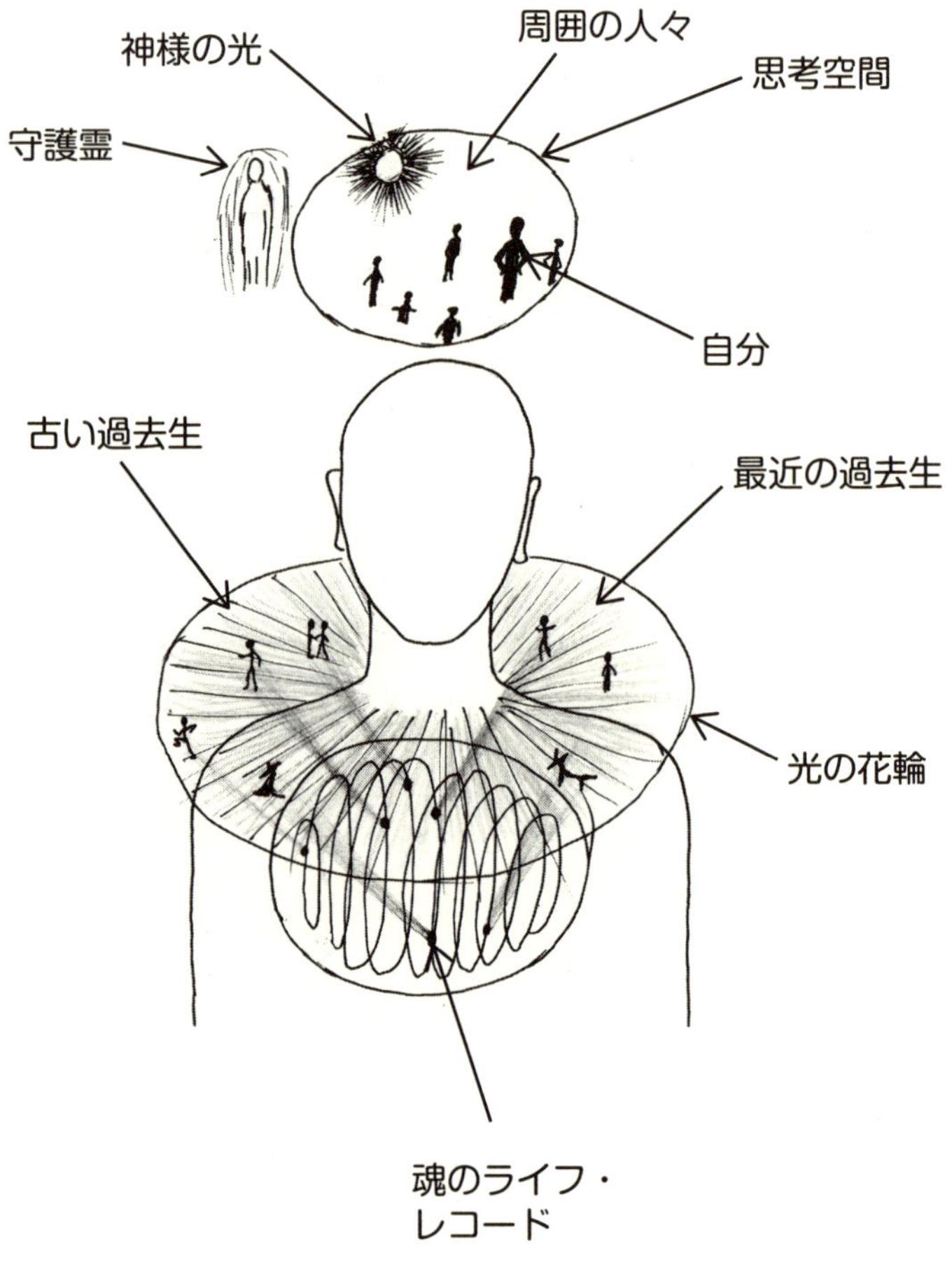
周囲の人々
神様の光
思考空間
守護霊
自分
古い過去生
最近の過去生
光の花輪
魂のライフ・
レコード

二つあり、どちらになるかは私たちの生き方次第のようです。

②陰・陽・中庸のシナリオ

さて、胸のライフ・レコードの中で、陰のシナリオが強く太くなっている箇所は、その時期に恐ろしいこと、苦しいこと、悲しいことなどがあったことを示しています。そこを拡大して感じ取ると、病気で苦しんでいる姿や逆境に苦しんでいる姿などが視えてきます。

陽のシナリオが太くなっている箇所は、その時期に楽しいことやうれしいことがあったか、自分勝手な我欲を追求するために過ごしていたことを示しています。そこには、遊んでいる姿や喜んでいる姿、何か楽しいことに没頭している姿などが感じられます。

〝楽あれば苦あり、苦あれば楽あり〟で、宇宙の法則により、陰の後には必ず陽が来ますし、陽の後には必ず陰が来ます。陰と陽は同じコインの表と裏なのです。陰と陽が両方強い場合、それは浮き沈みの激しい人生です。それは宇宙や人間の進化の方向ではありません。

中庸のシナリオが太くなっている箇所は、魂の声に従って生きていたことを示しています。魂の希望通りの仕事で働いている姿や、人を助けている姿などが視えてきます。中庸は安定した理想的な状態です。陰と陽が中庸に融合されたり、中庸が陰と陽に変化するこ

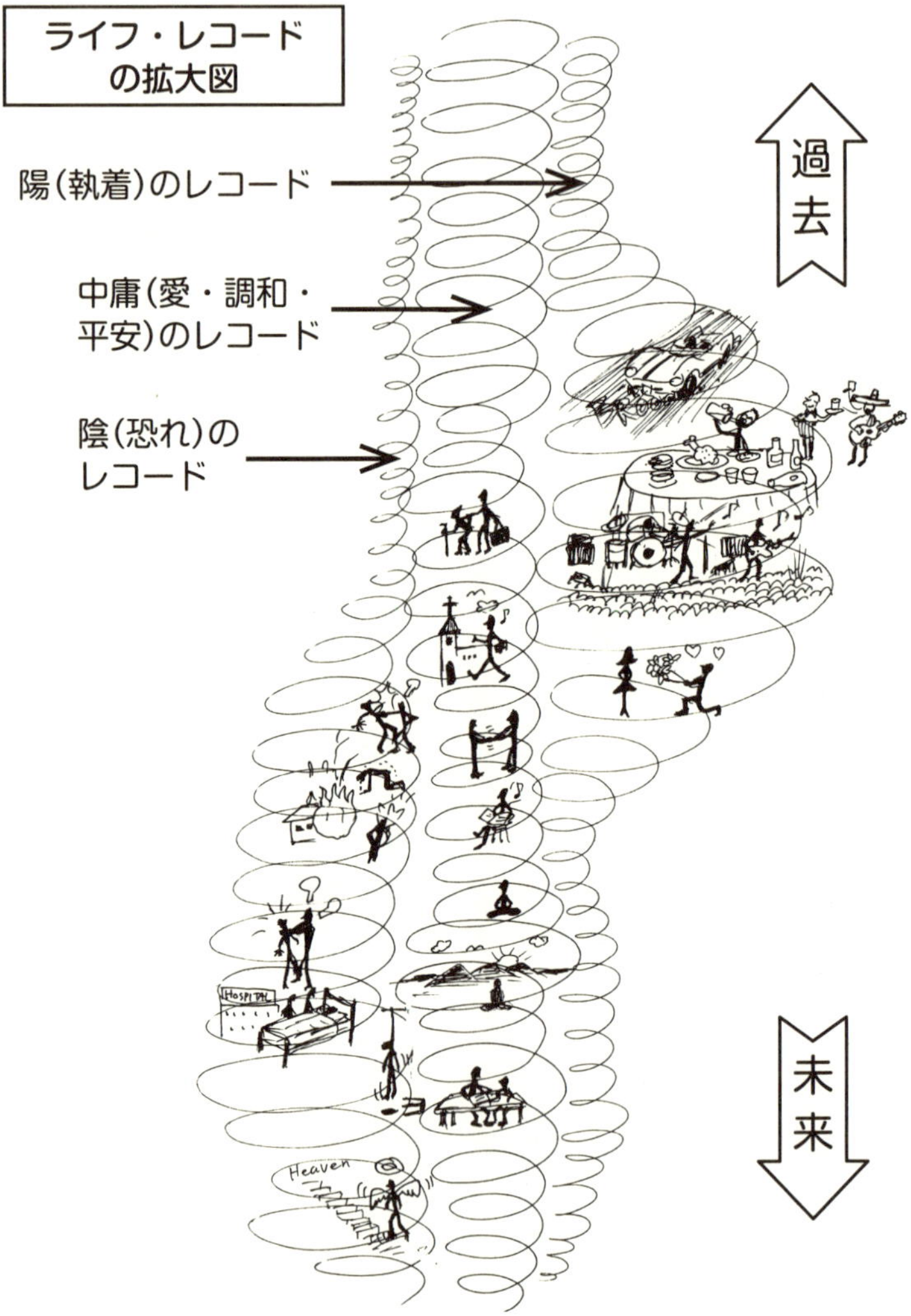
ライフ・レコード
の拡大図
陽(執着)のレコード
中庸(愛・調和・
平安)のレコード
陰(恐れ)の
レコード
過去
未来
HOSPITAL
Heaven

ともあります。陰と陽が少なく、中庸が太くなることが進化の方向性です。

　このように、未来のシナリオには陰・陽・中庸の三つがありますが、三つのうちどれを物質界で体験するかは、その人が強く発している意識や行動次第であり、未来は無意識ながら思考や感情によって自分が創造しているのです。

③良いシナリオに変える祈りのワーク

　ご説明ばかりでは退屈ですから、ここでとっておきの開運ワークをお話ししましょう。この方法で、あらゆることを良い方向に変えていくことができます。

　例えば、年中お金がなくて困っている人の未来のレコードを霊視すると、経済的不安感、恐れ、心配が強く、判で押したように陰の未来レコードが太くなっています。そして、お金についての感謝の気持ちがないため、中庸（愛や感謝）のレコードはほとんど視えないくらい細いのです。

　その一方で、お金に苦労しているだけに、収入を得たいという欲求は強く、潜在的には陽（執着、欲望、楽しさ）の力も強いので、未来生では裕福になる可能性があります。でも、今生で何とかしたい……。こうした場合、一体どうすれば中庸の未来のレコードを太くできるのでしょうか。それは、意識を変えることです。

まず、目を閉じて神様の光に心の中でつながりましょう。そして、「経済的に貧困な現実を自分の神我は受け入れます」と念じます。このとき、強く念じ続けてください。「私はこの現実から逃げない。恐れない。ありのままを受け止めます」と。どんなにつらい現実も、結局は自分自身の意識がつくり出したことであって、他人や環境が悪いわけではないからです。神我はそれを受け入れたいのです。受け入れてしまうことができれば、それは恐れではなくなるのです。ここが大事です。恐れていることは、いつまでも根源世界の自分の「陰我」の意識の中にあるため、やがて経験しなければなりません。貧困の現実は、恐れという自我意識がつくり出しています。恐れがなくなると、その分、陰のレコードは細くなって消え、中庸のレコードが太くなります。中庸のレコードは神様の調和のシナリオですから、宇宙のサポートが来て、貧困で困ることはなくなるでしょう。

次に、お金を得たいという欲望（陽）を、心の中で神我で受け入れ、あるいは神様（中庸）に委ねて自分の心から手放しましょう。欲望という陽があると、陽が陰に転じて必ず未来に落胆や恐れ（陰）を呼び込みます。「お金のことは完全に神様に託しました。〝私のお金〟はそもそもありません。お金は神様から一時お預かりしているだけです」と、十分に強く念じ続けてください。そうすると、陽の未来レコードが細くなって消え、その分、中庸の未来レコードが太くなるのです。

ここまで来たらもう一息。仕上げに、今持っているお金や物や仕事や環境を神様に感謝する祈りを捧げてください。「神様ありがとうございます。私は今、たくさんのお金はありませんが、今日生きるためには十分なものが与えられています。私はこれを心から感謝します」と。それは、魂の光を大きくするとともに、中庸の未来レコードを決定的に太くして、現実を好転させてくれるでしょう。

私自身、この方法で何度もピンチを切り抜けてこられました。追いかけている物が手に入らない方は、その執着を手放し、神様に委ねましょう。逆に、トラブルであれ病気であれ、嫌な出来事がついてくる人は、その現実をいったん神我で受け入れて（自分の「神我」が受け入れるということと、「神様」に委ねることは、実は同じことなのです）、恐れを手放しましょう。そして、現状を神様に感謝しましょう。事態がきっと変わってきます。もちろん、神様に委ねる祈りはそれ自体魂の光をとても大きくしてくれます。

第7節　「太郎さんのプロポーズ」

①神我の声と自我意識の声

今お話ししましたとおり、ライフ・レコードには神我の意識（中庸）と自我意識（陰と陽）のレコードがあります。一人の人の中には、魂の中心の光が発する神我の声と、その周りを覆う自我エネルギー層の発する声が常にあって、その二つの対立する声が、いつもせめぎ合っているのです。よくマンガで、一人の人の中に天使と悪魔が棲んでいて、互いに正反対のことをささやき合って当人を迷わせている場面がありますが、霊視では人のオーラの中で本当にそれが常に起こっています。

　そうした心の葛藤が、オーラ上どうなっているかをシミュレーションでお話ししましょう。次のミニ・ストーリーはフィクションですが、オーラの状態や魂の中に視えるビジョンなどのディテールは、実際にいつも私が人々のオーラの中に視ていることです。

※　　※　　※

　爽やかに晴れた11月の日曜日。丸菱物産に勤めるＯＬの花子さんは、港を見下ろす素敵な喫茶店で、職場の三年先輩・太郎さんとデートをしていてプロポーズをされました。太郎さんとの交際が始まってからちょうど二年。花子さんには『そろそろ来るかも』という予感がありました。

　太郎さんと初めて会った時、花子さんはなぜだか懐かしい人のような感じがして、とても初めて会ったとは思えませんでした。『もしかして、この人が運命の人なのかも……』初対面なのに、密かにそう思いました。

太郎さんは長身のスポーツマンで、曲がったことが大嫌いな〝熱い男〟。不器用で世渡り下手ですが、なんだか守ってあげたくなるタイプ。二人は出会ってすぐに惹かれ合い、急に接近していきました。

花子さんのお友達はもうみんな結婚していましたので、花子さんは少々焦っていました。そんな時のプロポーズでしたから、とてもうれしかったですし、ホッとしたのです。

それではここで、花子さんの魂を霊視してみましょう。

おやおや？　花子さんの胸の魂の光の中と、その外側の自我意識の層の中に、太郎さんのプロポーズについての全く違う気持ちが、動画のようなビジョンとして映っているではありませんか。

女性の魂の場合、自我意識の執着（陽我の思考）は、第二オーラ（感情オーラ）の頭のあたりに動画のように映って視えます。それが脳の好き嫌いを司る部位に連絡しており、脳が処理しているのです。

当然、花子さんの陽我は太郎さんと結婚することを強く勧めています。『やっと来たプロポーズを絶対モノにしなくては！　一流商社マンだし、みんなに自慢できるわ！』

花子さんのオーラの頭のあたりには、陽我（執着）の思考内容として、結婚式の場面が浮かんでいます。

さらに、花子さんの自我意識の恐れ（陰我の思考）はこう言っています。『このチャンスを逃したら大変！　私は一生負け犬になってしまうのよ！』

女性の魂の場合、足の先あたりに陰我の思考が映っています。そこには良い縁談を断って親から苦言をいわれている自分の姿や、ずっと独り寂しく暮らしていく将来の様子が映っていました。

何かに対する執着（陽）があるなら、それを手放すことへの恐れ（陰）も必ずワンセットでオーラの中に存在しています。陰と陽は同じものの表と裏であり、どちらか一方だけを持っていることはありません。結婚への執着があるなら、結婚できないことへの恐れもまた強く存在しています。

ところが、花子さんの胸の魂の光の中には、花子さんが太郎さんを『あっちへ行って！あっちへ行って！』と、両手で押し返しているビジョンが映っています。魂の中のビジョンは脳の前頭葉に連絡しています。それが理性の思考です。

花子さんはプロポーズされてとてもうれしかったのですが、『即ＯＫはちょっと軽々しく思われるかな』と思いましたし、よく考えて決断するために、「お返事は太郎さんがニューヨークの出張から帰って来るクリスマスまで待ってくださいね」と言って別れたのでした。

花子さんはそのデートから帰る道々、太郎さんと結婚した将来を想像してみました。すると、微妙に体が重いような、息苦しいような、胸に何か冷たくて重いものがつかえているような、はたまた頭のてっぺんにヘルメットを被せられたような感じや、漠然とした不安感を感じ始めたのです。しかし、ことさら神経質にならなければ容易に無視してしまえる程度のもので、本当に『気のせい』で済んでしまうくらいに微妙な違和感なのでした。

『私、今、ひょっとしてうれしくない？　そんなわけはないわ。やっと来たチャンスじゃない。誰でも迷うものだわ、結婚は……』

花子さんの自我意識は、必死に神我の自分を納得させようとしました。

陽我の声はさらに執拗に主張します。

『絶対にＯＫするのよ！　なんたって慶明大学経済学部出身のエリート商社マンじゃない！　運動もできるし背も高い。家柄だって申し分《ぶん》ないわ』

陰我の声も、たたみ掛けるように脅かします。

『そうよ、この話を逃したらもう二度といい人は現れないわ！　一生負け犬になるのよ！　歳を考えなさい！　親だって心配しているじゃない。断ったら後でどんなに後悔してもしきれないわ』

それでも、どんなに考えてもハートのあたりが微かに重いような、つかえたような感じが消えてくれないのです。

それではここで、その理由をご一緒に霊視してみましょう。

あらあら？　花子さんの陽我の思考は、将来の陰のシナリオへとつながっています。将来の陰のシナリオの中では、太郎さんと結婚して三年たった頃、太郎さんの仕事が忙しくなり、ストレスから毎晩お酒を飲んで帰るようになるのが視えます。ちょっとしたことで花子さんに暴力を振るうようになっていくようです。そして四年後、二人の関係は修復できないほど傷つき、お互いに身も心もボロボロになって離婚するシナリオになっているではありませんか。

実はこのシナリオは、約三百年前の過去生で、二人が結婚して激しいケンカの末に別れた出来事の繰り返しなのです。それは過去生のカルマのシナリオなのです。

花子さんの胸の魂の神我は、それを知っていて訴えています。『太郎さんは結婚すべき相手ではありません。あなたが太郎さんと別れたら、すぐに別の男性と出会うことになります。その人が本当の相手です。太郎さんのプロポーズをＯＫしてはダメ！』そう必死にメッセージを送っているのです。神我の声は、このように将来の中庸（調和）のシナリオにつながっており、本当の結婚相手との出会いが少し先に待っていることも知っているのです。

花子さんのオーラの右上に映って視える守護霊さんも、やはり反対しています。『この話は断ってください。あなたの本当の相手は別にいます。その人とはもうすぐ出会えますが、その人には今はまだ付き合っている人がいて、あなたと出会える状況ではないのです。その人が恋人と別れる時まで待ってください』

それから二週間、花子さんはプロポーズをＯＫしようと前向きに考えました。でも、考えれば考えるほど胸の重さや不安感が強くはっきりしたものになってきました。

この時、神我の声に反して無理矢理プロポーズをＯＫする方向で考えていた花子さんは、神我のシナリオ（中庸のシナリオ）を外れて、執着のシナリオ（陽）に入ってしまっていました。そのため、魂の光はすっかり自我意識に覆われて、オーラ全体が暗くなっていたのです。

その時、短大時代の悪友・幸子さんから久々にメールが届きました。「花子、元気？

私ね、今旦那サマとケンカしてプチ別居中。むしゃくしゃするから気晴らしにクラブに行きたいんだ。付き合ってくれない？」

　クラブなんて青川学院短大の頃以来とっくに卒業していましたが、自分も今なんだか胸の不安感が消えないので気晴らしにいいかと、誘いに乗ってみたのです。

　西麻布の交差点から渋谷方向へ少し坂を上がった所にある、隠れ家のようなクラブ「D」。ここはよく芸能人もお忍びで来ています。

　DJがトランスの音楽をガンガンかける中、二人でパコパコとカクテルを飲んでトランス状態。気分爽快です。クラブを後にしてからも、イタリアン・レストランに移動してワインを飲んで話し込み、フラフラに酔ってしまいました。

　タクシーでやっと帰宅したのが午前二時。お昼過ぎにようやく目が醒めると、頭がガンガンしていました。その時ふと気がつくと、いつの間にかあの嫌な胸の重さがなくなっていて、『あれ？』と思いました。

『うう、頭イタ～。でも胸の重い感じが消えたわ。やっぱり遊びが足りなくて神経質になっていたのね。太郎さんと結婚しよう。喜んでくれるだろうな。新婚旅行はイタリアがいいかな。新居は夜景のきれいなベイエリアの高層マンションがいいな』

　この時、花子さんのオーラには、昨夜クラブで入ってしまった遊び好きの重い浮遊霊たちがたくさん入っていて、お酒の邪気や強烈な音楽、スパイスの効いた肉料理の粗い波動で、ひどくオーラが汚れて重くなっていました。分厚くなってしまった自我意識の層に隠されて、魂の光はすっかり消えており、プロポーズをＯＫしてはダメ！　という魂の声も感じられなくなっていたのです。

ちょうどこの日から、いつもお利口でおとなしいヨークシャーテリアのクルミちゃんが、部屋のあちこちで粗相をしたり、不機嫌そうに吠えて荒れ出しました。昔治ったはずのアトピーも腕や首筋に突然出てきました。その上、キャッシュカードやクレジットカードが入った大事なお財布をどこかに落としてしまい、青くなって交番に届け出たら、現金だけ抜き盗られて二日後に戻ってきました。

こんなふうに次々と悪いことが起こり出し、花子さんはさすがにこれはおかしいと思いました。

『一体どうしちゃったのかな……』

困った時にいつもひくエンジェルカードのメッセージは、「Caution!（警告！）今、天使はあなたに危険を知らせています」と出ました。

翌週、花子さんはＯＫの返事をする前に、もう一度自分をリセットしようと思い、一人で愛車のワインレッドのローバー・ミニを走らせ、伊豆の温泉リゾートへ行きました。会社で隣の席の後輩が熱心なクリスチャンで、「花子先輩、このゴスペルのCDすごくいいんですよー。ぜひ聴いてみてください」と言って貸してくれたコンピレーション・アルバムを聴きながら、花子さんは東名を飛ばします。

カーステレオから流れる「ハレルーヤ！　ハレルーヤ！」という叫びが聞き慣れない感じではありましたが、今どきのおしゃれなR&Bと変わらないご機嫌なチューンばかりでした。でも、聴いていると、なんだか気持ちが洗われてきて、頭の天辺が突き抜けて天につながるような、ラブソングとは明らかに違う、軽くて温かい〝何か〟を感じたのです。

素朴で温かい声の黒人ボーカルが堂々と歌い上げる「アメージング・グレイス」が流れてきた時は、思わず感動で目がウルウルとしてきました。

着いた伊豆のプチリゾートは、木々に囲まれた空気のきれいな所にありました。雑誌「ANNON」で見つけたその宿はとても親切で、真心込めたベジタリアン料理を出してくれました。

晴れ渡った冬の空と真っ青な太平洋を見渡す温泉に一人静かに浸かっていたら、心がホッとしました。

と、その時――。ああ、またあの胸の詰まった重い感じが甦ってきたのです。

『あー、まただ……』

花子さんは寝る前ベッドに腰掛けて、静寂の中でそっと目を閉じ、自己流のナンチャッテ瞑想をしてみました。しかし、どんどん胸のつかえは重くなっていきました。プロポーズを承諾しようと思えば思うほど自信がなくなってきて、将来が想像できないような、行き止まりのような感じがしてきました。

『あっ！　そういえば、昔もこんな感じで押し通したことが悪い結果になったわ。県立高校に受かったのに、制服に憧れて親の反対を押し切って私立高に進んだ時もこんなだった。あの高校ではいい友達が全然出来なくて、三年間つらかった。病気で入院もしたし、大学受験だってすごく苦労したっけ』

そう思うと、プロポーズをＯＫすることがいよいよ不安になってきました。

花子さんは特にクリスチャンというわけではありませんでしたが、ベッドに座ったまま、この時初めて真剣に神様に祈ってみたのです。

『神様、あなたが本当にいらっしゃるのかどうかわかりませんが、もしいらっしゃるなら教えてください。私はどうしたらいいのでしょうか。どうぞ教えてください』

でも、真剣に祈ってみても、神様のお返事など全く聞こえてはきません。それどころか、お祈りしたら余計に胸の苦しさが強くなってしまったではありませんか。

途方に暮れていたその時、プロポーズをお断りする自分を、この時ふと初めて想像してみたのでした。そうしたら胸がホッとして、何とも言えない安心感が湧いてきたのです。さっき温泉に入ったばかりなのにもう冷えてしまった体も、急に血がかよって温かくなってきました。あの嫌な行き止まり感も消えて、将来の日々がこれから先もずっと続いていくような、普通に先を想像できるような、いつもの感覚が戻ってきました。

『何なの？　これって……』

全く不思議でした。

この時の花子さんを霊視すると、魂の光の中には、将来別の男性と結婚して幸せに暮らしているビジョンが胸に映し出されていました。これが花子さんの神我が計画しているシナリオなのでした。

それから花子さんは、毎日神様に自己流で祈り続けました。しかし、祈れば祈るほどお断りする方向で考えてしまいます。

『とっても好きなはずなのに、何も断る理由はないはずなのに、なぜだか心が決断できない……。私がこんなでは太郎さんを幸せにすることはできないわ。あの人は私じゃダメなんだろう、きっと』
だんだんそう思えてきたのです。
こうしてお断りする方向で考え出して何日かすると、不思議とアトピーがきれいに治りました。不機嫌で荒れていたクルミちゃんも、ウソのようにおとなしくなりました。

そしてクリスマス・イブの夜――。

花子さんは、またあの港を見下ろす素敵な喫茶店で、ニューヨークから帰ったばかりの太郎さんと会い、勇気を出してお断りを伝えました。

太郎さんは一瞬、「えっ？」と目を見開き、花子さんの返事にぼう然となりました。かすかに目が潤んでいます。それを見てしまった花子さんは、思わずワッと泣き出しました。

楽しかったデートの場面が次々に頭の中に甦ってきました。夏のりんどう湖の水面を渡ってきた爽やかな風。蓼科のナイター・スキーで二人で仰ぎ見た満天の星空。みんなみんな大切な想い出です。涙と鼻水で顔をぐしゃぐしゃにしながら、花子さんはやっとのことでこう言いました。

「太郎さん、今まで本当にどうもありがとう。きっと私たちは結婚しない方がいいの……グスッ……何でだか私にもわからないけど。本当にごめんなさい。きっとしあわせになってね……」

やっとそう言ってまた泣き出すと、まわりのお客さんたちが一斉に振り向いてチラチラ二人を見ました。

その夜――。花子さんの両親は、花子さんの報告を聞いてちょっとがっかりしました。そろそろうれしい報告が聞けるかと思っていた矢先でしたから。

「そうか。お父さんはそろそろかと思っとったけどな。お父さんの目に狂いはない。太郎君か？　ありゃ今どき珍しい好青年だ。でも、お前にその気がないんじゃなあ……。そうかそうか、そうですかっとォー」

お父さんは、重苦しい空気をふり払う時のいつものおどけた口調でそう言って立ち上がると、メガネと新聞をひっつかんで、和服の背中を丸めて書斎へ行ってしまいました。

『お父さん、お母さん、ごめんなさい。でもやっぱりこれしかなかったわ』

花子さんはその晩、一人自分の部屋で考えました。ご両親のがっかりした様子はこたえましたが、すごく軽くなってスッキリした自分の胸では、ハートの神様が喜んでいるのがはっきりとわかったのです。

『ハートの内なる私の神様。今日、あなたのおっしゃるとおり、太郎さんのプロポーズをお断りしました。ですから、どうぞ本当の王子様を早く連れてきてください。私は神様を信じます。きっと信じて待っています』

この時ひいたエンジェル・カードには、こう書いてありました。

「You are on the right track!　天使は今、あなたが正しい道を進んでいると告げています」

花子さんは、心配そうな目で花子さんを見つめているクルミちゃんを抱き上げて、ぎゅっと抱きしめました。

「大丈夫だよ、クルミちゃん、心配ないって。いつかきっとイイコトあるってば！」

その時、窓の外の澄みきった冷たい冬の夜空を大きな流れ星が一つ、スーッと流れ落ちていきました。

※　　※　　※

②ハートに息づく神我の声

胸には奥深いフィーリングが存在していることを、私たちは昔から経験的に知っています。英語でも「ハート」を含む言いまわしがたくさんあり、どうやら胸に関する言葉は世界共通のようです。

from the heart　心から
with heart and soul　心底から
young at heart　気が若い
Blessed are the pure heart.　心の清い人は幸いです
come home to my heart　胸にこたえる

私たちが神我の思考通りに行動する時は、ハート・チャクラが開いて良いエネルギーがたくさん入ってきます。それによって安心感やホッとする感じが湧き、体が暖かく感じるようになります。このハートの感覚を敏感に研ぎ澄ましていき、その声を大切にすることが、自分という神様の分身の本当の望み通りに生きることになるのです。

それに対して、自我意識の思考、つまりお金やモノや名声などいろんなものを欲しいという欲望や、それらを失うことへの恐れ、怒りの感情などは、魂の光を暗くして、愛のチャクラであるハート・チャクラを閉ざしてしまいます。

怒りがこみ上げることを「頭に血が上る」と言いますし、「頭にきた！」とか、「頭を冷やせ！」など、「頭」という言葉には怒りを表す表現がつきものです。また、理屈ばかりこねる人を、「あの人は頭でっかちだ」などと言います。頭は、複雑なことを考えるのは得意なのですが、大きな舵取りは胸の魂の方に任せるとよいでしょう。頭脳は胸の判断したことを具体的に遂行していくためのものとして、ハートの僕《しもべ》にするべきなのです。

大事なことを決断する時は、一人静かな所で創造主である神様に祈り、それとつながっている自分の胸の魂の声を確かめてみるとよいでしょう。真剣に神様に祈る時、神様の分身である私たちの胸の魂は強く光り、神我の意思が思考に昇ってきます。

第8節　魂の使命　―あなたも必ず何かの神様―

①神様の体のどこから生まれているか

『何をして生きようと私の勝手。努力すれば何だって思い通りのものになれるはず』

そう思う方もいらっしゃるでしょう。ところがドッコイ、私たちの魂の中には、『本当はこれがやりたい』という計画がもともとあるのです。この広い世界には、神様の頭から生まれた魂を持つ人もいれば、手から生まれた魂を持つ人、足から生まれた魂を持つ人など、本当にさまざまな人々がいます。根源世界の中心にいらっしゃる神様の全身のどこから生まれているか、実はそれによって魂の得意なことが決まっており、それぞれに大切な固有の役割や使命があるのです。私がサイキック・モードに入ると、その人が神様のどこから生まれているかが視えてきます。

例えば、超絶技巧の天才ピアニストや超早弾きのギタリストは〝神様の指先〟から生まれており、生まれつき手先が器用です。それは、とうてい普通の人が練習で培えるようなレベルではなく、まさに天才の資質です。また、すごくうまいドラマーは必ず〝神様の臀《でん》部《ぶ》〟から生まれており、全身で正確にリズムを刻むことが自然にできてしまいます。優れたダンサーは〝神様の腰〟から生まれていますし、本当に歌の上手な人は〝神様の咽〟から生まれています。先の見通しを立てるのがうまい人は〝神様の目〟から生まれています。

魂の使命通りのことをやっている人は、心底楽しんでやっていますし、『私にはこれしかない』と思っています。他人が何かで大成功しているからといって、それをそっくり真似しても、決してその人のようにはうまくいかないものです。

もう一つ大事なのは、自分の守護霊さんが神様のどこから生まれているかという点です。守護霊さんの才能は、あなたご自身の才能といってよく、あなたにもう一つの才能を与えています。優れたギタリストは神様の指先から生まれていると先ほど言いましたが、そういう人は高い確率で〝神様の耳〟から生まれた守護霊がついており、大きな耳のチャクラを持っているものです。自分のオリジナルな魂の使命と守護霊さんの魂の使命との絶妙な組み合わせにより、美しいメロディーをつくって上手に演奏する能力が備わるのです。

唯一の神様が自らの愛を具体的に経験するために、いろんな部分に分かれたふりをしているのが私たちの魂です。私たちは神様のために、また、神様の分身である人々のために、ユニークな能力を捧げて働くことが社会に最も貢献することになるのです。また、そのようにして人は本当の生き甲斐を感じることができ、適材適所で役割分担することで社会全体にとってもロスがなくなり、そこに調和がもたらされるわけです。

②使命を知るには魂の光を強めること

自分でも知らぬうちに、幼少期からごく自然に魂の使命通りの道を生きている人もいれば、壮年期や老年期になってやっとたどり着く人もいます。魂の使命が収入を伴う職業であるとは限りません。専業主婦として家庭内で魂の目的を果たしている人も数多くいますし、無償のボランティア活動やセカンドライフの中で魂の目的を果たしている人もいます。

一方、世間には魂の使命と全く関係のない仕事をしている人も数多くいます。収入が安定しないと心配だという理由で、不向きな仕事に忍の一字でしがみついている人も非常に多いのです。悪いこととわかっていながら、お金のために割り切って違法なことをしてお金を稼いでいる人もいますし、他人の賞賛や尊敬を集めるために信じられない時間と労力をかけて学問を究めたり、注目の集まる仕事に就いている人もいます。そういう人たちは、ストレスや神我の希望が満たされていない空しさで魂が真っ暗になっています。『もっと自分らしい仕事があるというなら、もちろんそれを目指したいけど、一体何をすればいいのか全然わからない』という人も多いはずです。しかし、魂の使命がすぐわからなくても、焦らないでください。全ての魂は人や社会を助け、支えていくことを根本的な願いとしています。ただ、貢献の仕方にユニークな個性があるだけなのです。魂の使命が全く分からなくても、何らかの仕事や奉仕で神様の分身である人々や社会のために貢献する意識で働いてさえいれば、少なくとも他人の幸福のために働くという最も根本的な魂の願いは果たすことができるのです。

それでもやはり、自分のユニークな使命を少しでも知りたいと思う方はどうすればよいでしょうか。使命は魂の光の中に示されていますので、魂の声を聞くことが大切です。それには、自我意識を減らして、魂の光を強くしていくことです。その方法は、次章「魂を大きくする方法」でお話しします。そこでお話しするいろんなことを実践なさってください。

根源世界で自分の源魂が神様に近づいていくほど、魂の声を感じやすくなっていきます。

分厚い自我意識を助長し、魂の光を暗くする最たるものは、批判、怒り、執着、嫉妬、恐れなどの感情です。こうした感情が強いと、魂の声、本質の声を感じにくくなってしまいます。低い感情を手放して、自我意識を浄化していくことが大切です。今すぐには無理でも、いつかは自分らしい仕事をしたいと願うなら、神様を心から信じ、日々真剣に神様を求めて祈りましょう。神様の存在を疑ったり否定したりしていれば、良いシナリオを手にすることができません。まず疑いを捨てて、神様を信じることが大切です。

ヒントをお話ししますと、魂の使命は、小さい頃から好きだったことや、得意だったことに関係している場合が多いものです。人々のためになることで、あなたが生まれつき上手に自然にできることや、いくらやっても飽きないことは何でしょう。アレかな？　コレかな？　と、何かをやっているところを想像してみてください。その時、胸にホッと安心感が湧いてきて、体が温かく感じ、閉じた目の裏に明るさを感じるような何かです。想像した時に行き止まりの感じではなく、その先がずっと続いていくような感じのすることです。

第9節　魂どうしは対立しない

①対立は自我意識がつくる

「魂とは何か」をさらに知るために、今度は別の面から探究してみましょう。

家庭内から国際社会に至るまで、およそ人間が複数いるところには、対立や争いが絶えません。それは、人間に自我意識があるからです。自我意識は自分と他人を別々の存在のように捉える、見事としか言いようのない完璧な錯覚をつくり出し、その結果、他人に怒りを覚えたり、他人を排斥したり、利用したり、支配しようと考えるようになります。しかし、神我の思考には自己中心的な考えは全くありません。他者の幸福のために献身的に奉仕する意識に満ちています。なぜなら、非常に高い次元の根源世界では、全ての魂が一つの神様の体を構成する部分になっており、臓器どうしは互いに連携し、助け合っているためです。胃は肝臓を殴ったりしませんし、右手が左手を叩いたりもしません。むしろ、胃と肝臓は助け合って同じ目的のために動いていますし、右手と左手は協力し合って一つの仕事を成し遂げています。

私は、これまでいろいろなご家族を数多く拝見してきましたが、家族間に意見の相違や対立がある場合、それは必ず自我意識に操られているためであって、魂のレベルでは常に同じ選択をしており、矛盾していないことを機会ある度に確認してきました。

例えば、あるお子さんの魂の光の中に、遠くにある評判の良い幼稚園に入園したいというシナリオが視えるとします。この場合、必ずご両親の魂の光の中にも同じシナリオが視えます。もしお父さんだけが『職場から遠くなるから子どもをその幼稚園に通わせたくない』と反対なさる場合は、お父さんの自我意識がそう主張しているのであって、魂のレベルでは、お父さんも賛同しているのです。

ある人の意見が魂から出ているのか、それとも自我意識から出ているのか、私が感覚を働かせると、意識の出所がわかります。魂から出ている意見は、その意識エネルギーが胸の真ん中の光から出ており、自我意識から出ている意見は、魂の光を覆う自我意識の暗い層からエネルギーが出ています。

こうしてわかったことは、例えば国会での激しい与野党間の対立も、本当は魂のレベルでは全く存在していないということです。魂のレベルでは、与党も野党も同じ解決策を常に選んでいるのであって、対立は一切存在していません。ところが、現実には毎度激しい対立攻防があり、誹謗中傷合戦に至ってしまうのは、議員さんたちの自我意識が強く働いているためなのです。

自我意識はいつも、「非は相手にある。私は絶対に正しいのだ」と信じ込ませ、そう主張させます。自我意識が強く働いている議員さんも、国民のために良かれと思って主張しています。その思い込みが真剣であるだけに、対立はいっそうひどくなります。結局、どちらも自分が分厚い自我意識のフィルターを通して世界を見ているという事実には、全く気がついていません。自我意識はそれほど強力に、見事なまでに事実認識を歪めて、誤った思考へと導き、確信させ、他人の批判へと駆り立てます。自我意識は、本人もそれと気がつかない形で、心の内奥にある魂の愛を覆って隠し込んでしまう恐ろしいベールなのです。

②神我の声に従って生きる

良い未来へのブレークスルーは、自我意識の克服にあります。外に問題解決を求める心のクセに気付いて、これを手放し、自分の中の自我意識という闇の存在を認識し、浄化し続け、魂の神我の声を感じ取れる敏感さを養っていくことが大切です。魂の神我の声は、生きた神様の意識です。絶対的な法律のように固定したものではなく、臨機応変に変化しますし、その場の正義や調和という柔軟な面もあるでしょう。生きた魂の声に従って生きることは、アレをしてはいけない、コレをしてはいけない、という戒律に闇雲に強制されて生きることではありません。むしろ過去生から続いているどん欲や恐れや怒りといった感情を手放して、心の最も深い所から湧いてくる無限の愛に自由に大胆に従って生きることなのです。それは神我にとってこの上もなく気持ちよく、楽しい生き方であり、真に自由な生き方なのです。

それでは、自我意識の浄化方法について、次章でお話ししてまいりましょう。

第4章　魂を大きくする方法

第1節　聖なる七つの指針

心身の健康を保つ上でも、平和で順調な人生を送る上でも、魂の使命を知る上でも、魂が強く大きく光っていること、すなわち神様と近い関係になることが大切です。本章では、魂の光を強く大きくして、良い人生に変えていくためのいろいろなヒントを具体的にお話ししたいと思います。

2007年8月20日のことでした。私は夏の休暇をいただいて、海辺の美しい町を訪れていました。この時、私は心の中で神様につながり、次のように祈りました。

『人間が生きていく上で最も大切なことは何でしょうか。どうか教えてください』（いいえ、もしかすると、私にそう祈らせたのは神様の方だったのかもしれません……）。するると驚いたことに、全く間髪を入れずに「七つあります」という声が頭の中に響いてきました。そして、それに続けて、深遠な真理の言葉が頭の中に響いて聞こえてきたのです。

私はあわてて紙と万年筆を取り出し、聞こえてくるままを書き留めていきました。時々、書く手がついていけないほど早いスピードで言葉が聞こえてきました。筆記がついていけない時はしばらく言葉が止まって待っていてくれましたが、まだ私が書き終わらないうちに、また次の言葉が聞こえてきました。そんなふうに、息をつく間もないまま、懸命に書き留めました。

それを読み返してみて、何と深い叡智をたたえた言葉だろうと感嘆してしまいました。これが私の顕在意識から出てきた言葉でないことは明々白々です。私はこれほど深く美しい言葉を流れるような速さで言えるような知性を持ち合わせていません。

何より、これらの言葉の放つ愛の光のエネルギーが、その出所の確かさを証明していま す。気感のある方はこれらの言葉の印刷されたページに手をかざしてみてください。非常に波動が高く、温かい神聖なエネルギーのふわっとした感じがすることでしょう。じっと見つめているだけでも、胸の魂が愛の光でいっぱいに満たされるでしょう。

これは正真正銘、創造主である神様が与えてくださった言葉なのです。読んでいただくだけでもオーラの浄化が起こります。私はこれを読んでいると、いつも涙が溢れそうになります。

どうぞ、一つ一つをよく味わってお読みになってください。宇宙を創造された神様のこうした言葉から、私たちの住むこの宇宙の本質が愛であることがおのずとわかるでしょう。そして是非、これらの指針を全身全霊の熱意で実行なさってください。あなたの人生に必ず奇跡が起きます。

『神様、人間が生きていく上で最も大切なことは何でしょうか。どうか教えてください』

七つあります。

一つ目は、神への愛です。神を愛することほど大切なことはありません。神はあなたを創った愛の光であり、命の大本です。これなくしてあなたは生きていることはできません。神はあなたが考えている以上にあなたを愛しています。だからあなたも神を愛しなさい。

二つ目は、奉仕をすること。

奉仕は体を使って、頭を使って、神の愛の現れである全てのものに何かをすることです。神があなたを造ったのですから、あなたも神に何かをしなければなりません。神への愛を奉仕によって表さなければなりません。あなたが何かを大切にすることは、神を大切にすることです。神への愛を体で表してください。そうすれば、私はあなたをもっと愛するでしょう。

三つ目は、生き物を殺さないこと。

生き物は神が造った愛の現れです。あなたが生き物を殺すならば、自然の環境はあなたを懲らしめるでしょう。

四つ目は、真実を語ること。

真実を語る人は神に仕える人です。神は真理だからです。真実の言葉は神の光です。真実を語らない人が神を愛することはできません。

五つ目は、心を手なづけること。

心を手なづけることは困難なことですが、大事なことです。心がなければ何もできません。心を調和的な方向に手なづけることです。心を手なづけることは欲望を抑えることです。欲望があまりにも大きければ、肝心なことがわかりません。欲望を抑えるにはどうしたらいいでしょう。神に祈ることです。そうすれば完全に抑えることができます。神は欲望を消滅させることができます。神の力があれば可能なのです。神に祈ることが大切です。

六つ目は、肉体に執着しないこと。
肉体に執着すると、肝心な神との関係がわからなくなります。肉体は必ずなくなります。神との関係は体より大事です。神こそが体を与えた大本です。体が滅びた後、神との関係が残ります。神との関係は永遠に残ります。

七つ目は、全ての行いを神に捧げること。
あなたが神だとしたら、あなたは何を人間に求めますか？　あなたが神なら、あなたが創った全てのものを大切に思うはずです。あなたが何かを大切にすることは、神を大切にすることです。あなたが目にする全てのものは神ですから、神に全ての行いを捧げなさい。

神様はこれらの一つ一つについて解説を加えるよう促されていますので、果たしてそのような大役が私に務まるか大いに疑問ですが、今の私にわかる範囲でお話ししたいと思います。

①神様を愛する

神様を求め、愛する熱心な祈りや賛美を捧げると、根源世界では、その人の源魂が神様に近づき、太い光で神様とつながるのが視えます。それとともに、地上のその人のオーラへ、神様から強い光が入ってきます。この光こそが健康を支え、心に平安と幸福感をもたらし、良い未来のシナリオをもたらすのです。

もし世界の経済を良くして貧困を根絶したいなら、戦争をなくしたいなら、病気をなくしたいなら、天変地異をなくしたいなら、私たちが神様を全身全霊で愛することから始めなくてはなりません。この土台なくして家庭の平和もありませんし、政治・経済をいくら研究してみても、各国首脳が首を揃えて兵器削減交渉のテーブルについてみても、科学や医学の研究に巨費を投じてみても、人類の平和はやって来ないのです。

②奉仕する

神様がこの具体的な物質世界をお造りになったのは、ご自分の愛を生き物どうしが支え合う体験として実現なさりたかったからです。それが宇宙創造の目的です。ですから、ただ給料のために働くだけで人生を終わらせてしまっては、本当の生き甲斐は見いだせないのです。見返りを求めない純粋な気持ちから他者へ奉仕することで神様が喜ばれ、それによって私たちの人生に素晴らしいことが起き始めます。奉仕は祈りや瞑想よりもパワフルに神様の近くへと人を引き寄せ、良いシナリオを与えてくれます。奉仕は私たちの人間としての本当の存在意義を発揮し、魂を成長させてくれる最高の機会なのです。

③生き物を殺さない

動物たちや鳥たちや魚たちも皆神様の分身であり、根源世界では全て私たちと同じように人の姿をしています。第3章第1節でも少し触れましたが、彼らの魂の中には、そうした姿が映っており、彼らは究極の深いレベルで私たち自身でもあるのです。それを殺したり傷つけたりすれば、神様との断絶をつくり、人生が苦しいものになっていきます。自然災害や事故に遭ったり、人間関係が悪くなって苦しんだり……。今生で罹っている病気が過去生で生き物を傷つけたことから来ている場合もあります。

日本は昔、天武天皇が６７５年に肉食禁止令を出して以来、菜食の国でした。ところが、１８５３年に黒船が来て肉食がもたらされ、千二百年もの禁を破って肉食が再開されたのですが、その翌年の１８５４年（安政元年）から１８５５年にかけて、四つの大地震（安政江戸地震Ｍ６・９、安政東海地震Ｍ８・６、安政南海地震Ｍ８・４、安政豊予地震Ｍ７・４）が立て続けに起きたのです。これは偶然でしょうか。

２００７年４月に肉牛から口蹄疫が発生し、感染予防のため8月までに三十万頭の牛が殺処分される悲しい事態となりました。また、２０１０年から２０１１年にかけ、百十六万羽の鶏が殺処分となりました。東日本大震災は、それらのすぐ後の２０１１年３月に起きました。これも偶然でしょうか。現実的に殺処分がやむを得なかったとしても、生き物たちの供養を手厚くしてあげるべきでないでしょうか。東日本大震災が人工地震だったという説があり、私もその可能性は大いにあると思いますが、もしそうだとしても、多くの人々の思いや行動による負のカルマが、悪い人の手を介して返ってくるのだと思います。

ところで、これは大事なことですが、一般にベジタリアンは神経の働きに必要なビタミンＢ12が不足しやすかったり、タンパク質が不足しやすいとも言われます。ベジタリアンになりたい方は、必ず医師にご相談しながら無理なく時間をかけて徐々に食生活を変えていってください。体質によってはベジタリアンになれない方もいらっしゃるはずです。そうした方は、食事の前によく食べ物になった生き物たちと神様への感謝の祈りをご自分の言葉で捧げてからいただけば、負のカルマにはなりません。

④真実を語る

神様は、「真実の言葉は神の光です」とおっしゃっています。サイキックな観察では、文字通りの意味でそうなのです。人の魂から出る言葉は、美しい光のエネルギーとして視えます。

真実の言葉、愛の言葉、感謝の言葉、美しい言葉、温かい言葉、優しい言葉、等々……。それらは魂の光から発生し、相手の魂の真ん中の光に届き、そして根源世界の神様に届きます。そして神様が発話者の未来のライフ・レコード上に調和的な出来事をつくり出すのです。

嘘を話している人の口からは、黒い邪気がマンガの吹き出しのように意識エネルギーとして放出されています。そうした邪気のような意識エネルギーは、魂の光の真ん中から出てくるのではなく、魂の光を包み込む外側の自我意識（陰と陽）の層から出てきます。自我意識から発せられる嘘の汚い意識エネルギーは、相手の「感情オーラ（第二オーラ）」

に流れ込み、根源世界で陰の神様や陽の神様に届いて反射し、結局嘘を言った人の将来のシナリオに不調和な出来事をつくり出しているのが視えるのです。

⑤心を手なづける

どうすれば自分の荒ぶる心、欲望、衝動を制御することができるでしょうか。その方法がわからないために、今日私たちの家庭も学校も職場も、これほど混迷を極めているのです。

この点に関する神様の教えは、拍子抜けするほどシンプルです。「欲望を抑えるには神に祈ること」だとおっしゃいます。シンプルなことは非常にパワフルです。

三十代のKさんという女性は、神様に祈ってタバコを止めることに見事成功され、ご自分でも驚いたそうです。その驚きをこんなふうに語ってくれました。

「毎日二箱近く吸っていたのをキッパリ止められたのは、本当に奇跡でした。それまでも何度も止めようとしましたが、止められませんでした。私はクリスチャンではありませんが、クリスマスが近かったのでその日に止めようと思い、イエス様に止められますようにと祈りました。禁煙したことはそれまでも何度もありましたが、神様に祈ったのはそれが初めてでした。

ところが、それから全く吸いたいと思わなくなったのです。その奇跡を友達に話しても、それがすごいことだと理解してもらえなくて悔しい思いをしました。しかし、私にとってあれは本当にすごい奇跡でした。こんなことは、他の方法ではどうやってもできません」

タバコ以外のさまざまな欲望も、神様に真剣に祈り続けることでオーラから衝動の邪気を浄化していただければコントロールすることができます。

ポイントは、神様を信じて神我につながり、ある程度時間をかけて心底真剣に祈ることです。ただそれだけです。神様にそれが通じれば神様から光が来て、第二オーラ（感情オーラ）に溜まった欲望のエネルギー（陰と陽から成る邪気）を浄化していただけるでしょう。また、第三オーラの「光のストライプ」を強めてくれるでしょう。この第三オーラを、私は「理性オーラ」と呼んでいますが、このオーラ層には光の縦縞があり、それが途切れなく明瞭な人はその下の第二オーラをしっかり制御できるため、意志が強いのです。

⑥肉体に執着しない

「肉体への執着」は五官の満足の追求につながり、物質世界への執着に通じます。目に見える物質世界は結果であって、見えない神様の意識（エネルギー）という本体がつくり出していきます。この関係を取り違えて物質世界に執着すると魂は光を失い、魂の声が聞こえなくなり、神様の中庸のシナリオから外れてしまいます。これが「肝心な神との関係がわからなくなります」という意味です。

肉体の死は人生の本当の終わりではありません。人間の肉体には魂とオーラの体が宿っており、それが死後に肉体を抜け出た後もずっと続く霊界での生活があるのです。オーラの体と魂が肉体を抜け出た後は、生前の思いや行動に応じ、すなわち神様との関係に応じて、しかるべき霊界へ行くでしょう。

あなたが死んで霊界に行った後、地上に生まれ変わる未来生のあなたは、あなたが生前に地上での思考や行動でつくったシナリオに沿って生きます。もしそれが悪いシナリオなら、霊界のあなたに地上から伝わってきて、霊界のあなたも低い霊界へ強く引っ張られることになるでしょう。これも「神との関係は永遠に残ります」という言葉の一つの意味だと思われます。

⑦全ての行いを神に捧げる

全ての物質は分子や原子から出来ており、その原子を構成している陽子や中性子にも実は意識があります。ですから、物にも全て意識があるわけです。陽子や中性子や電子の中に神様のお姿や意識があることをサイキック感覚で知覚している私にとっては、汎神論（万物は神の現れであり、万物に神が宿っており、一切が神そのものであるとする宗教・哲学観。デジタル大辞泉より）は決して古代人の妄想ファンタジーなどではありません（後に第5章第2節③「ウパニシャッドの真実」で詳しくお話しします）。

例えば、食べ物にも意識があって、サイキックな聴覚を使うと食べ物が言葉を発しているのが脳内に聞こえます。ワサビや柑橘類や砂糖など陰の強い食べ物は、「コノヤロウ！オマエニハタベラレタクナイ！」といった恐ろしい言葉を発しています。

塩やチーズなどの陽が強い食べ物は、「ワタシノアナタニタベラレタイ」などと、安っぽいメロドラマのセリフのように、ベタベタした気味の悪い執着や独占欲の言葉が聞こえてきます。

リンゴや玄米やブドウといった中庸の食べ物からは、「アナタニタベテイタダケテウレシイデス」という感謝と喜びの言葉が聞こえます。中庸のエネルギーは、人の役に立ちたいという利他的な意識や感謝の意識なのです。

この世の全てが神様です。生き物はもちろん、無生物も全て大切にし、無駄にしないように扱わなければ、神様との関係を損ねて魂の光が弱くなってしまうのです。

では、「全ての行いを神に捧げる」とは、具体的にどうすることなのでしょう。
この言葉は比喩的な表現ではありません。読んで字のごとく、そのままなのです。「全ての行いを」「神に」「捧げる」、それを素直に実行することです。「全ての行い」といったら本当に「全ての行い」です。

例えば、学校の授業の予習や復習をこれから始めるとします。その時、漫然と始めないで、まず「この勉強を神に捧げます」と、ひと言祈るのです。できれば声に出して。「この仕事を神に捧げます」「運転を神に捧げます」「調理を神に捧げます」「入浴を神に捧げます（こう祈って温泉に入ると陽にならず、出た後に湯あたりしません。湯あたりは陽の反動の陰なのです）」「掃除を神に捧げます」という具合に、何をする場合も心の中でそう祈ってから取りかかりましょう。

この「〇〇を神に捧げます」という祈りは、生理的にも良い変化をもたらすことを期待できるだけでなく、霊界に数多く存在するいろいろなシナリオの中から神様の調和的な中庸のシナリオを選び取りやすくしてくれます。

最後にとても大事な点ですが、全ての喜びも神様に捧げるということです。喜びは〝陽〟の感情であり、個人化した自分という存在の生存が確保されることで味わう一時的なワクワクした感情です。何かを手に入れた時、何かを達成した時、人は飛び上がって喜びます。しかしその後で、必ず〝陰〟がやってきます。苦しいこと、悲しいこと、つらいことがやってきます。ですから、良いことがあった時はうれしい気持ちが完全になくなるまで神様に感謝の祈りを捧げましょう。感謝は中庸であり、完全に感謝し尽くすと反動による〝陰〟がやってきませんので、浮き沈みのない平安な道を歩むことができます。

第2節　祈る　―神様とのコミュニケーション―

①神様への祈りは魂を浄化する

魂を強く大きく光らせるさまざまな方法の中でも特に欠かせないのは、毎日神様に祈ることです。あるいは、自分の神我や神様との対話を持つこと、と言い換えてもよいでしょう。正しい心で祈りを捧げると、魂の光は強く大きく輝きます。それは、根源世界でその人の源魂が神様に近づいたということなのです。

祈りや対話がもたらす魂の光は、オーラの中の自我意識という汚れを浄化してくれます。毎日お風呂に入ったりシャワーを浴びたりして体を清潔に保たなければ、肉体はすぐ悪臭を放つようになってしまいます。それと同じように、心も毎日光のシャワーを浴びていなければ、怒りや欲望や恐れといった汚れがどんどんはびこり、たちまち精神は不健康になっていきます。心の汚れは見えませんから、溜まっても自分で気がつきません。

実際、オーラには臭いもあり、低い霊界の霊はとても臭くて嫌な臭いがします。逆に、ヒーリングの最中しばしば天使がやって来て、オーラの浄化やガイダンスを手伝ってくださるのですが、高い霊界の天使が来ると、部屋の中に良い香りが漂ってきます。それによって「天使が来た」と気付くこともあります。

祈りという光のシャワーを毎日絶やさないことは大切です。池の水に美しい湧き水が絶えず流れ込んでいれば、池はいつも美しく、そこに棲む魚たちもみんな元気で生きていられます。しかし、新鮮な湧き水の流入が絶えてしまえば水は腐り、悪臭を放ち、魚たちは死に、池は干上がってしまうのです。

②祈りは全ての人に大切

祈りというものを宗教を信じている人だけが行うものだと思わないでください。なんら宗教を信じていない人であっても、生まれながらにして全ての人は神様とつながっています。いやむしろ、人間の本質が神様と同じ存在だからこそ、私たちはこうして生まれてきて存在することができているのです。ですから、祈りは必ず神様の耳に届くのです。祈りは決して形式的行為ではありません。祈りは魂の叡智を引き出し、生きる上での具体的指針を与え、未来を良いシナリオに変えてくれます。

③祈るのは弱い人？

しかし、『神様に祈るなんて弱い人のすること。人は己の力で力強く生きていくべきだ』という方もいらっしゃるでしょう。

確かに、目に見えないものに祈るという行為は、苦しい人や、弱い人の行動のように映るかもしれません。しかし、実際に人間は弱い生きものです。明日の自分がどうなるか誰にもわからないのです。それに、自分の弱さを自覚している人の方が心に柔軟性があり、艱難辛苦に見舞われても、案外打たれ強く命みょうがに生きているようです。『神様を頼んで生きなくても俺は大丈夫だ』と突っ張っている人の方が、いざ本当につらいことが起きると、心の支えがなくて想定外の事態に対応できないものです。『自分は強いから大丈夫』という意識こそ強固な自我意識です。自分でなんとかしようという突っ張りがなく、謙虚で柔軟な人ほど、そして神様の助けがなければ何もできないと自覚できている人ほど、神様と宇宙のサポートを自在に受けられるのです。

④全ての祈りは唯一の神様に届く

祈りと聞くと、『神様はたくさんいて一体どの神様に祈ればいいのかわからない』という方がいらっしゃるでしょう。

しかし、古今東西のさまざまな名前や姿の神様たちは、皆私たち人間と同じように、唯一の創造主から生まれ出た存在です。また、唯一の創造主自体もいろいろな国で、いろいろな名前で呼ばれてきました。しかし、どのような名前で呼ばれようとも〝それ〟は全く同じ存在なのです。

大昔からさまざまな預言者や聖者が現れては、その時代その国の人々にとって必要なメッセージが伝えられ、彼らからさまざまな宗教が成立していきました。時代や地域が違う上、預言者や聖者の個性もそれぞれでしたから、一見異なったものに見えますが、どの宗教も本質には愛・真理・正義・助け合いといった共通の尊い価値観があります。いろいろな宗教の究極の出所は、結局同じ神様だからです。

では、さまざまな宗教の神様を信仰している人々の祈りのエネルギーは、一体どこに行き着いているのか。それを実際にサイキックな感覚で視てみましょう。

例えば、ある西洋の宗教を信じる人が、救い主に捧げた祈りの美しい光のエネルギーは、今は霊界に行っておられる救い主にまず届き、救い主を経由して究極の神様に届いているのが視えます。

次に、中東で成立したある宗教の信者が、神の使徒が指し示した唯一の神様に捧げた祈りの美しい光のエネルギーも、同じ究極の神様に届いているのが視えます。

神様の存在を想定しない東洋の宗教の信者が唱える祈りの美しい光のエネルギーも、霊界のさまざまな尊い存在たちに届き、それらを経由して、やはり唯一の同じ神様に届いているのが視えます。

つまり、私たちがどの神様や聖なる存在に祈ったとしても、その祈りが私たちの魂の真ん中の光から出たもの、つまり愛から出たものである限り、愛なる祈りのエネルギーは、愛の源である究極の神様に届きます。届くというより、帰っていくと言った方が正確かもしれません。私たちの愛は全て、同じ出所である神様から来たものですから、神様へ帰っていくのです。

このように、祈りは同じ一つの神様に届いているのですから、宗教どうしは兄弟姉妹であり、同じ山の上を目指して別のルートから登っている人たちのようなものです。ある宗教や宗派が他の宗教や宗派を批判するのは、神様から見れば自分の手が足を批判するのと同じです。批判したり争ったりするべきではなく、むしろたくさんある互いの崇高な共通点を認め合うべきなのです。

⑤正しい人の祈りはパワフル

神様は、神様を信じる正しい人の祈りを喜び、これを叶えてくださいます。神様の存在を否定する人や信じようとしない人、あるいは神様の分身である他者を助けようとしない人の願いを、もしあなたが神様なら叶えてあげたいでしょうか。神様も、やはりご自分を信じ、神様を愛して大切にする人や、他人に奉仕する慈しみ深い人、他人を傷つけない人、嘘をつかない誠実な人の祈りをよしとされ、喜んで願いを聞いてくださるのです。多くの方をヒーリングしてきて、心底そう思います。見えない所で人助けをコツコツと頑張っている人をヒーリングする場合は、神様から浄化の光が大量にやって来て、強い邪気や重いカルマでもどんどん浄化していただけます。ところが、神様の存在を信じない人や疑う人、批判的な人、あるいは言葉遣いや態度の悪い人などは、私がいくらヒーリングをしても浄化の光が神様からやって来ませんので、ほとんどオーラの浄化ができません。

⑥正しい祈りは神我から涌き出る

神様は正しい祈りや願いを喜び、これを叶えてくださいます。というよりむしろ、正しい祈りは私たちの魂の光から出てくるものですから、そうした祈りや願いは、そもそも神様の側からそうした結果を私たちに与えたい、体験させたいと願っていらっしゃるということなのです。今これを書いていて、「そのとおりです」という神様の強い肯定のお言葉が脳内にテレパシーで聞こえてきました。

神様を熱心に求める祈り、自分の使命や義務を遂行して人々に貢献したいという正しい祈り、自分をだめにする悪習慣や悪い生活と決別したいと願う切なる祈り、他人の幸福や成長を心から願う愛に溢れた利他的な祈り、執着や心配を手放して全てを神様に委ねる勇気を求める祈りなども、神様はとてもお喜びになり、無限にお力を与えてくださいます。

正しい祈りは全て、祈る人の魂の光の中心から発する光のエネルギーとして視えます。私のヒーリングセッションでは、最後にそのヒーリングやガイダンスへの感謝のお祈りをクライアントの方ご自身にも捧げていただくのですが、心から感謝の祈りを捧げていただくと、その人の魂の真ん中から光のエネルギーが出て神様へ届くのが私のメンタル・スクリーンの中に視えます。そうやって神様に届いた光は、その人の未来のライフ・レコード上に調和的なシナリオを創設していきます。

一方、自我意識から出る自己中心的な祈りは、魂の光を覆う外側の自我意識の層からエネルギーが出ていき、その人の未来のライフ・レコード上に陰のシナリオや陽のシナリオを強める結果になります。

⑦最も大切な祈り――神様を求める祈り

ある時私は、『人間にとってどのような祈りが最も大切なのでしょうか』と、神様に伺いました。それは、神様を求める祈りだそうです。魂を強く大きく光らせ、調和的で平安な人生のシナリオに変えるには、生涯を通じて愛なる神様を求め続けることが大切です。

人間が神様に近づくほど、神様は人間に近づいてきてくださいます。まるで鏡のようです。神様は、どんな人にも常にご自分のもとへ帰ってきてほしいと強く願っていらっしゃるのですが、人間の方が自我意識によって光を遮られており、神様を忘れてしまっているのです。自我意識は、動物時代の古い過去生から積み重ねてきた恐れや怒り、執着、その他諸々の強い感情です。この自我意識という厚い雲が誰にでもたくさんあるため、私たち人間の側が、それらをかき分けて神様に到達しようと努力しない限り、神様のもとに自動的に帰っていくことはできません。「私は神様の存在を感じたことがないから、神様は存在しないと思う」と言う人は、考え方が逆です。本当は神様を求めないから神様の存在を感じることができないだけなのです。ちょっとやそっと祈って何も感じないからと言って、「神様なんてやっぱりいない」と断じないでください。水滴でさえ、何百年、何千年も一カ所の岩の上に落ち続ければ、やがて岩に穴を開けます。それくらい不屈の心で神様を求め続けましょう。

⑧祈ってガイダンスを神様に伺う方法

i　私自身の体験

神様は、あなたがご自分の魂の意思通りに生きる上で必要なことなら何でも相談してほしいと思っていらっしゃいます。就職や結婚など、何か大事なことを決めるような時はもちろん、『今日はどこに行こうか』『今から何の科目を勉強しようか』――そのように、何でも相談してほしいのです。なぜなら神様は私たちの魂の大本であり、人間の本質だからです。私たちが自我意識に脱線しないで神我の声にいつも従って生きることが、神様の願いです。神様に祈って質問すると、多くの場合その場で何らかの微妙なフィーリングとして回答がやってきます。それに気を配りながら、静寂の中で答えを待ちましょう。神様との関係が強くなってくると、だんだん神様からの回答を感じやすくなります。

私の場合は、主に言葉と触覚的な感覚で神様のお答えを受け取ります。神様の言葉は非常に小さくて微妙な声ですが、耳の奥にかすかなささやきのような声がゆっくりと一音一音日本語で聞こえてきます。音というよりは声なきささやき、といった感じです。

この交信方法は別に人から教わったわけでもなく、なぜか自分は絶対神様と交信することができるという不思議な確信がもともとありました。

２００５年のある日のことでした。静かな仕事場で神様に意識を集中してつながる瞑想をした後、神様と交信するつもりで、しばらくじっとソファに座って言葉が来るのを待っていました。すると、「ワタシニカラダヲアズケナサイ、ワタシニカラダヲアズケナサイ」という、声ともいえないような声が、ゆっさゆっさと静かに体を揺さぶるエネルギーのウエーブに乗ってやってきたのです。その言葉は何度も何度も繰り返され、エンドレスでリピート再生している音響機器のようでした。それが最初のコンタクトでした。

その時私は、『神様は日本語をお話しになるのか』と、非常に不思議でした。もしかすると、自分が勝手に神様の声を想像してつくってしまっているのではないか――真っ先に浮かんだのはそうした疑問でした。しかし、一音一音が体を揺さぶるような感覚を伴って頭の上の方からやって来るので、自分の想像力が勝手にこのような体験をつくっているのではないと思えました。自力で一生懸命いろんなことを考えてみても、決してそのようにはならないのです。

神様の言葉を受信する練習を重ねるうちに、そうした強い揺れはなくなっていきました。必要がなくなったという方がいいでしょう。神様から来る声を聞き取る力が敏感になっていくにつれ、そうした揺れの感覚の助けなしに聞き取れるようになっていきました。

私の場合、聴覚よりさらにもっと強いのが、調べようとする対象物のエネルギーを触るような感じで把握する感性です。向かい合わせた両手のひらの間に出来る濃いエネルギーの空間に調べる対象物を映し出し、動きや形を把握するのです。人のオーラ状態や過去や未来のシナリオなどを映し出して調べることができます。神様に祈って質問すると、場面を映し出すムービーのようなものを通して回答を頂ける場合が多々あります。

ii　コンタクト方法は人によってさまざま

こうしたサイキック感覚には、人によっていろいろなものがあります。額のチャクラが発達している人でしたら、まるでテレビや映画の画像を見るように、いろんな場面が見えることもあります。私の知人で、額のチャクラが大きく、視る感覚が発達している方がいらっしゃいます。私がその方の過去生の場面や、過去生の霊の霊界での状態を感じ取ると、彼はその霊がどんな顔をしているということまで霊視して教えてくれました。その霊が今何と言っているか、私と彼が同じ言葉をキャッチすることができてお互いに驚きました。

もっと直接的に、ただわかる、なぜだかわからないけれど結論はわかってしまう、という直観的な受信ができる人もいます。

どんな感覚であるにせよ、生まれつき自由に使えるほど発達しているという方はごく少数で、普通はかなり素質があっても数ヵ月から数年、練習と自己浄化をして徐々にチャンネルが開けていきます。正しい目的意識と、できるというポジティブな意図の下、自我意識を手放して浄化し、神様との関係を太くしていくことで感性が高まり、発達していきます。

⑨イエス・ノーで答えを訊く方法

長いセンテンスの言葉を受信したり、映像を受信したりという感覚はまだなくとも、比較的多くの方が少しの練習でできる受信方法があります。それは、イエスかノーかで答えを伺う方法です。問いの立て方を工夫すれば、質問を絞り込んでいってさまざまなことを調べることができます。

ただ、この時気をつけなければならないのは、自分の自我意識にとって都合の良い答えをエゴが勝手につくり出し、神我の答えと間違ってしまうケースもよくあるという点です。

自我意識は、胸が温かいような、イエスという答えとそっくりのフィーリングまで真似してつくり出してくることがあるのです。こうしたフェイクな声に騙されないために、お伺いのお祈りをする前にまずしっかりと神様の光に心の中でつながって、「神様、私は断固として我欲の声や恐れの声を手放します」と祈り、自我意識の声ときっぱり決別する決意をしましょう。そして、真剣に心を込めて何回か次のマントラを唱えてください。

「このお伺いを神に捧げます」

一見普通の短い言葉ですが、これは神様から受信した〝合い鍵〟としての祈りの言葉、マントラであり、決して普通の言葉ではありません。

一連の流れとしては、次のようになります。

i　静かなリラックスできる場所で、一人になりましょう。北を向いてゆったりと座り、目を閉じ、鼻でゆったりと呼吸をします。北極星付近の天空には「地球の開元ポイント」と私が呼ぶエネルギー・スポットがあり、そこに向いて座ると神様とのつながりが強く感じられます。BGMをかけず、無音で行いましょう。アクセサリーも外しましょう。

ii　目を閉じたまま、宇宙の創造主なる神様の光を思い浮かべましょう。その光は、全てを生んだ巨大なエネルギーの源です。神様との関係が強くなっていくと、神様を思った時に次の感覚のいずれかの感覚が感じられるでしょう。正しい答えを得るには、そうした状態で伺いましょう。

●閉じた目の裏にぼんやりと明るさが見える。
●鳩尾《みぞおち》が温かい。――鳩尾には個人化していない最も根源的な神様（宇宙の創造主）のエネルギーがあります（第5章第1節③「根源的な神様の出現」参照）。
●胸が温かい。
●胸の中心が神様とつながっている感じがする。
●額が温かい（神様の光につながると、前頭葉にエネルギーが満ち、理性的な思考や利他的で崇高な思考が優勢になります）。
●全身が温かい。
●体が軽い。
●肯定的で前向きな想念が湧いてくる。
●怒りや批判や心配が湧いてこない。

iii「神様、私は断固として自我意識を手放します」と自分に言い聞かせ、アファメーションによって意識を整えましょう。心配事や明日の予定のことなどは、とりあえず頭から閉め出して一人になります。

iv　できれば声に出して、三回次のように唱えましょう。
「このお伺いを神に捧げます。このお伺いを神に捧げます。このお伺いを神に捧げます」

V

この言葉が自我意識の答えを占め出してくれるでしょう。敏感な方でしたら、この言葉を唱え終わった時に何となく空気が変わってスッキリした感じがするでしょう。質問を祈って伺いましょう。その結果、胸が苦しい感じや不安な感じ、イライラ怒りたくなる感じ、行き止まりのような閉塞感、全身が冷たいような感じ、体が硬くなるような感じ、ビリビリとしびれる感じ、閉じた目の裏が何となく暗い感じなどがしてくるかもしれません。これらは「ノー」というお答えです。

逆に、『イエス』なら、胸のところに安心感や甘く慕わしいフィーリングが湧くでしょう。また、全身が温かい感じや、フワッと緩むような感じ、閉じた目の裏がなんとなく明るいような感じもするでしょう。あるいは、全身がゆったりとリラックスできて軽い感じや、全身が柔らかくなった感じがするでしょう。神様との関係が強くなると、体は柔らかくなります。また、自分の先に明るい未来がずっと続いていくような見通せる感じや、先が拓けていくような奥行きを感じられるでしょう。

神聖な祈りを賭け事などに利用しないでください。仮に勝つことができても、そうして得たものは執着として自我意識を増大させ、神様との関係を細くしてしまいます。また、他人のプライバシーに関わる質問なども、意図が正しくないために正しい答えが得られないでしょう。質問をする自分の意図が神我から出た正しいものでなければ、正しい答えを手にすることは難しいのです。

⑩神我の声と自我意識の声を聞き分ける

神様の意思と私たちの魂の中の神我の意思は同じです。私たちの神我は神様の意識の一部だからです。第３章第７節の「太郎さんのプロポーズ」の中で、花子さんは、『太郎さんと結婚しよう』という自我意識の声と『本当の私の王子様を連れてきてください』という神我の声の間で揺れ動きましたが、何かを願う私たちの気持ちが自我意識から来ているのか、それとも神我から来ているのか、その出所を吟味することは決定的に大事です。同じ行動であっても、動機次第で後のシナリオが全く違ってくるからです。

どうしてよいかわからない時に、自我意識の声に基づく行動をしている自分を想像してみると、イエス・ノーで神様に伺った時のノーのサインと同じ感覚があるでしょう。

では、そうした感覚が一切ない人はどうやって判別すればいいでしょうか。自我意識の選択は、常に自分勝手な欲望や恐れに根ざしたものであることを覚えておきましょう。また、自我意識の選択はいつも自己中心的、否定的、懐疑的、好戦的、迂遠で複雑であることなどを参考にしてください。

⑪神様のメッセージに気付く

祈っている時だけ神様のメッセージが来るわけではありません。神様との関係が太くなっていくと、日常のいろんな場面で神様のメッセージが与えられるようになります。神様との関係が希薄な方や、過去生で神様と縁遠い生活をされていた方には、そういうことはあまり起こりません。やはり、神様を熱心に求める人に神様のメッセージは頻繁に与えられるのです。私の日常生活は、神様からのメッセージやサインで常にあふれ返っています。サインというより、超常現象に近いかもしれません。

ある日いきなり私の家で、隣の部屋の天井の照明器具のライトカバーが、「ガッシャーン！」というものすごい音を立てて床に落ち、ライトカバーを囲んでいた木製の丸い枠がバラバラに壊れてしまいました。これは、「あなたたちの魂の光を覆っている恐れや疑いや怒りや執着を完全に心から手放して、あなたの内なる神の愛を表に出しなさい」という神様のメッセージでした。

また、私がうっかり不調和な音楽のCDを買ってきた時は、CDプレーヤーに入れてプレーボタンを押してもディスクが回るばかりで音が鳴りませんでした。諦めてディスクを取り出すと、なんとCDが割れていたのです。CDのディスクは、かなり強い力を加えないと割れるものではありません。その割れ方がまた不自然でした。その状況を霊視したところ、天から神様のエネルギーが放射してディスクを割ったビジョンが視えたのです。「演奏者が神に捧げる意識で演奏していなかったり、あまりにも激しく攻撃的なものは聴くべきではありません」という神様のメッセージなのでした。

さらに、ある神社を妻と二人で参拝した際、家に帰って荷物を片付けていると、二人とも絶対に買った覚えのない新しいお守りが二つ、鞄の中のお土産の袋の中に入っていました。そのお守りは物質化されたものであり、普通の物質とは違うエネルギーを持っていました。そのお守りをボーッと見ていると、その時その時に必要な創造主からのメッセージがビジョンとして浮かんできます。

また、「第二部・アセンション」で詳しくお話ししますが、いろいろな動物が私の生活圏にメッセージのビジョンを持ってきてくれることがあります。

さらに、私も時々ありますが、夢で先のことを知らされる人も多いでしょう。

このように、人によって感受性はさまざまですが、その人にあった方法で神様は必要なことを知らせてくださっているのです。それをいつも見逃さないようにしましょう。

⑫　神我の声をかき消してしまうもの

神我の声はかすかで微妙です。オーラをいつもきれいに保って神様を意識していないと感じられません。

「太郎さんのプロポーズ」の中で、花子さんが自我意識の声に押し切られて結婚を承諾しそうになったのは、大音量の音楽の鳴る場所に行ってお酒を飲んだり、自我意識の強い友達と遊んだり、スパイスの効いた強い味の食べ物や動物性食品を多食してオーラに陰と陽のエネルギーをたくさん取り入れたためでした。

魂の光を弱め、神我の声を聞こえにくくする生活習慣にもいろいろありますが、次のようなものが挙げられます。逆に言うと、これらを避けることが光を強めることになります。

●否定的な感情（怒り、悲しみ、恐れ、不安、罪悪感、自己憐憫など）。
●動物性食品や味の濃い（すなわち陰と陽の強い）飲食物。
●自我意識の強い人と会ったり、電話やメールでやりとりして受けるエネルギー。
●場所や空間の波動。電磁波の強い建物や喧噪の大きな所、酒場、不衛生な場所。
●不調和で過激な音楽や、世俗的・扇情的な音楽など。音楽CDなどは、歌い手や演奏者と神様との関係、演奏やパフォーマンスの意図などが総合されて、ディスクにエネルギーが宿っています。それらを視聴することで心身に大きな影響があります。私は選ぶ時にディスクを手に持って、波動の高い温かい光があるかどうか、光が自分の魂に入って来るかどうかをよく調べます。神様を賛美するインドのバジャンやヴェーダのCD、コーランの詠唱、日本の神歌、ゴスペル、クリスチャンミュージックなど、光のあるCDを聴くと魂が光ります。コンビニなどで波動の低いBGMが大音量でかかっていますが、そうした空間で売られている飲み物や食べ物には不調和な音楽の波動が転写されており、食べるとオーラの波動が下がり、魂の光が弱くなります。

●見るものの影響。低俗な内容のテレビ・ゲーム・ホームページ・ブログ・書籍・雑誌、残酷なニュース映像、扇情的画像やDVDなどは、見る人のオーラに低い波動が加わり、自我意識を強めて魂の光を弱くします。特にホラーやバイオレンス系映画・テレビ・DVDなどは非常に影響が強いです。

●薬物やタバコや酒など、神経を麻痺させ、常習性のあるもの。

●パソコンやスマホやケータイから受ける電磁波。

⑬　神様につながる「光の祈り」

ある時私は神様に祈り、たってのお願いを申し上げました。

「神様、現代に生きる私たちが宗教や思想・信条を問わず誰でも神様と強くつながれるユニバーサルなお祈りの言葉をどうぞお与えください」と。この時、すぐに美しい祈りの言葉が脳内に聞こえてきました。私はとっさに紙を取り出し、書き留めました。紙に書いたこのお祈りの言葉をあらためて読んでみると、美しくて胸がジーンと熱くなってきました。そして、紙に書かれた言葉が発している強い神聖な光のエネルギーにすぐ気付いたのです。

さらに、「これを七回唱えてください」という言葉も聞こえました。私はさっそくその場で紙を見ながら七回唱えてみました。その時、「ゴゴゴーッ！」と、地響きのような振動を自分のオーラに感じ、神様の光に太くつながったことがわかりました。本当に驚きました。素晴らしいお祈りの言葉をお与えくださったことに心の底から感謝が湧いてきました。

その日以来、私は何人もの方々にこのお祈りの言葉をお伝えし、実際に唱えていただいたのですが、エネルギーに敏感な方は「これは本当にすごいです。ものすごく神様につながるので驚きました」と、興奮した様子でご感想を話してくださいました。もし短時間で魂を大きくするとしたら、この祈りを百回、二百回と真剣に捧げることは有効だと思います。

「光の祈り」

神の光につながります
真理の光につながります
神と私は一つになり
神の光に包まれます
神に全てを委ねます

（七回唱えます）

第３節　悪感情を浄化する神我の瞑想

魂を強く光らせるには、自我意識である怒り、恐れ、執着などの悪感情を日々浄化する瞑想が有効です。ここでは、〝怒り〟を例にとってお話しします。まず、怒りという感情がどれほどのデメリットを持っているかを見てみましょう。

①怒りが悪い現実をつくり出す

私の観察では、怒りという感情は、第二オーラ（感情オーラ）にある陰のエネルギーと陽のエネルギーが約五〇％ずつ集まってつくり出している感情です。人が怒りを感じている時は、第二オーラ（感情オーラ）のお腹あたりに陰と陽が半々混じった怒りのエネルギー（邪気）が溜まっているのが視えます。その怒りの感情エネルギーが、いろいろあるシナリオの中から争いのシナリオを選び取って連れてきてしまいます。

ここで重要なのは、怒りの感情が心の中にまずあって、それが争いの現実や状況を連れてくるという点です。理不尽な現実がまず先にあって、それに対して怒りを感じるという順序ではないのです。

②怒りは陰と陽のシナリオを別々に連れて来る

さらに困ったことに、陰と陽のエネルギーが半々の〝怒り〟という感情を体験すると、その反作用として、今度は陰の感情（恐れ）と陽の感情（執着）を別々に引き寄せて体験することになります。怒りの後には、お腹が痛くなったりするつらいことと、ドカ食いや衝動買いなどの執着行動がそれぞれやって来るのです。

③怒ると相手の性質をもらう

誰かに怒りを覚えると、相手のオーラと強くつながります。それによって、自分のオーラが相手のオーラのコピーを被ったようになります。それは、相手の感情や思考を帯びるということです。相手の嫌な性質をもらってしまうのです。「あの人はどケチだ」と怒ると、自分もどケチの性質を帯びることになります。政治家でも、野党時代には与党を厳しく批判していたはずの人が、政権を取ったとたん自分が昔批判していたはずの相手と同じことを言い出すということがよくあります。

④嫌いな相手と同じ悪い性質が自分にもある

そもそも、誰かに対して怒りを覚える場合、自分自身の中にもその相手と同じ悪い性質（エネルギー）があることが多いものです。はじめから自分の中にある悪い性質が、相手の中の同じ悪い性質と同調して、まるで相手の欠点のように見せられるので怒りたくなるのです。しかし、それは自分自身の欠点です。つまり、他人は自分の鏡になっているのです。

ですから、自分の欠点をどんどん浄化していくと、他人の欠点があまり目に付かないようになっていきます。周りがいい人ばかりに見える人は、自分がいい人だからです。悪い人ばかりに見えるなら、自分がそういう性質をたくさん持っているからです。信じたくないことですし、信じられないかもしれませんが、よくよく冷静に振り返ってみれば、あなたも相手と同じ欠点をきっと持っています。また、今は克服したけれど、昔は自分もそうだったというケースが実は非常に多いのです。他人を批判しないためには、まず自分の欠点を反省することが大切です。

⑤怒りは神様との断絶をつくる

怒りという感情の最大の悲劇は、神様との断絶をつくってしまうことです。どんな人であれ、人間は全て唯一の神様の分身ですから、誰かに怒りを覚えるということは、神様の分身と対立することです。それは、神様そのものと対立することでもあります。

誰にも頭上に「思考空間」と私が呼ぶエリアがあるのですが、その中には神様の光の現れる場所があります。怒りを持っている人のオーラを霊視すると、必ずその部分が暗くなっており、神様の光がその人の魂やオーラに放射していないのがわかります。

⑥事例――弟への厳しさが父や妻から自分に返ってきた

働き盛りのビジネスマン・松田優一さん（四十三歳・仮名）とのスカイプの遠隔セッションでのことでした。松田さんと奥様の加世子さんとの関係を霊視すると、ご夫婦の間に〝壁〟が視え、何か問題がありそうでした。そこでさらに壁を霊視すると、優一さんが加世子さんからひどく怒られているシーンが視えたのです。これが事実かどうかお尋ねすると、そのとおりだということでした。

そこで今度は、優一さんが加世子さんに怒られる原因を霊視したところ、そのルーツは、優一さんがお父様に昔よく怒られた時の恐れの感情にたどり着きました。

優一さんが小学生だった頃、お父様は優一さんには常にとても厳しく、弟さんにはいつも優しかったそうです。そうした不公平の原因をさらに霊視すると、優一さんが誰か目《め》下《した》）の弱い人を強く叱っているシーンが視えました。

優一さんにそういう記憶がないかお尋ねしたところ、それは弟さんだそうで、優一さんは、小学生の頃よく弟さんにつらくあたっていたそうです。優一さんの弟さんへの怒りが、今度はお父様の中に優一さんへの怒りをつくり出し、優一さんご自身に返ってきていたのです。別の言い方をすれば、優一さんから見たお父様はとても厳格な怖い方で、当時優一さんはお父様が大嫌いでしたが、実はその厳格な性格は優一さんご自身の性質だったのです。そして、優一さんがお父様を怖がれば怖がるほど、その感情エネルギーがお父様に流れ込み、優一さんに対して厳しく怒るという現実をつくり出していたのです。

さらに、そんな優一さんとお父様の関係性は、将来の時空にシナリオをつくり出して、ご結婚後も加世子さんと優一さんとの関係性として、お父様が他界された後も続いていたのです。

⑦悪感情を浄化する神我の瞑想

誰かへの怒りを手放すにもいくつかの方法がありますが、いずれの場合も、怒りという陰と陽の混合エネルギーを浄化することができる神様の光によらなければなりません。浄化したい悪感情が執着（陽）であっても、恐れ（陰）であっても、瞑想の方法は全く同じです。

i　北を向いてゆったりと座り、目を閉じ、宇宙の創造主である神様の光をイメージしましょう。

ii　「頭上の開元ポイント」（頭の上一メートルくらいの所に光があり、ここで神様とつながっています。これを私は開元ポイントと呼んでいます。バーバラ・ブレナン博士はＩＤポイントと呼んでいます）と、北極星付近の空にあるパワースポット「地球の開元ポイント」が、神様の光でつながるのを感じましょう。

iii　その怒り（または執着、恐れなど）を感じていた頃の自分に戻ったとイメージします。イメージすると、アストラル体や魂は実際に当時の時空へ飛ぶのです。

iv　魂の中の神我に当時の自分がなったとイメージして、神我の自分の状態で相手の人を見つめ続けます。すると、怒りを覚えないことに気付くでしょう。

v　その状態を十分に長く保ちます。その間に過去生や未来のライフ・レコードも浄化され、カルマが浄化され、魂の光が強く大きくなります。場合によっては、三十分から一時間かかるかもしれません。また、何度も同じ瞑想が必要かもしれません。浄化がうまくできている時は微妙な温かさが胸に感じられたり、部屋のあちこちでパチッというラップ音が聞こえる場合もあります。感覚がない人もいます。

vi　神様にこの浄化を感謝するお祈りをご自分の言葉で捧げましょう。

⑥のスカイプセッションでも、優一さんにはこの浄化瞑想で弟さんへの怒りを浄化していただきました。その結果、弟さんへの怒りや加世子さんとの間の壁がほとんど消えました。また、優一さんの魂の光もいっそう強く大きくなりました。

また、例えば、怖い上司がどうして自分にばかりつらく当たるのか？　と悩んでいたあるＯＬの方は、昔お父様に対して自分が向けていた態度が、今、上司が自分に向けてくる態度にそっくりであることに気付き、お父様への古い怒りをこの浄化瞑想で手放したところ、上司との関係が一気に変わりました。そうした事例は非常に数多くあります。まことに世界は自分を映す鏡なのです。

第4節　カルマの浄化

前節の浄化瞑想は、非常にパワフルな深いカルマの浄化方法です。しかしながら、この方法はご自分の中にある、特定の人への悪感情に気付いている場合にしか行うことができません。

ところが実際には、まだ出会ったばかりのよく知らない方とうまくいかない場合も多く、『過去生であの人といろんな関係（カルマ）があったことは確からしいけれども、どのような関係（カルマ）があったかはわからない』ということは多いものです。

そのようなケースでも、相手の人との過去生のカルマをかなりの程度浄化できる方法があります。

本節でご紹介するのは、そのためのマントラによるカルマの浄化方法です。

この方法で、仲の悪かった人との関係が急に改善されたり、双方の魂の光が一気に強く大きくなったりします。ただし、それは行う方の日頃の良い行いや神様への信頼が大前提であり、恩寵として与えられるものです。

①本書における「カルマ」の意味

改めて「カルマ」とは何でしょう。この言葉が日本で普通の日常会話で使われる場合、どこか暗くて恐ろしい響きがあります。悪いことが繰り返し起きた時などに、「それはきっとカルマだよ」などと言います。まるで「避けられない恐ろしい祟《たた》り」のようなニュアンスで語られることが多いようです。

しかし、「カルマ」という言葉は、インドの古い言語であるサンスクリット語の「karman」という語に由来するもので、通常は「業《ごう》」と和訳され、「行為」という意味です。カルマという語それ自体には、本来何ら悪い意味合いはありません。「正のカルマ」や「負のカルマ」ということが言われますが、「正のカルマ」は、過去の良い思いや行いが良い結果を招いた場合であり、「負のカルマ」は、過去の悪い思いや行いが悪い結果を招いた場合です。

私たちは何も持たずに裸で生まれてきます。しかし、実は生まれてきたその時点で、既に数々の将来のシナリオが用意されているのです。あなたが今生のお父さんとお母さんの間に生まれてきたことからして、決して偶然ではありません。人々の魂のライフ・レコードをリーディングしてきてわかってきたのですが、私たちは過去生で何度も今生の両親とさまざまな関係で関わってきています。良くも悪くも、いろんな感情の絆で関わり合った結果として、私たちは深い魂レベルでの計画をもって今生の両親を選んで生まれてきました。しかも、たいていは類人猿や動物や魚や昆虫や植物や鉱物どうしだった太古の昔から、今の両親と濃密な関係があったはずです。そんなに古い時代から愛し合い、憎しみ合い、闘い、いろんな感情のやりとりをしてきたのです。

まだ何も人生経験を積んでいない赤ちゃんも、その魂には膨大な過去生の感情や人間関係が刻まれています。親から遺伝によって受け継いだ性質だけではなく、多くの過去生で形成してきた好き嫌いや得意、不得意、将来のシナリオなどをあらかじめ魂に記録して持っています。小さな子どもが、初めて会った人にとてもなついてしまったかと思えば、別のある人には最初から怖がって全く近寄らないということがあるのもこのためです。過去生での関係性をお互いのチャクラが無意識に感じ取っているのです。初めて会ったはずの男女がすぐ恋に落ちてしまったりするのも、こうした過去生の縁があるためです。

そのように、①過去や過去生の思いや行動が未来へ及ぼす影響力、あるいは因果関係が、私が本書で言う「カルマ」の一つ目の意味です。例えば、「今私がこんな目に遭っているのは、きっとカルマに違いない」などと言う場合です。これは、どちらかというと時間という縦軸を主に意識した言い回しです。

本書で言う「カルマ」には、もう一つの意味があります。それは、②特定の人と人との関係を拘束している、過去や過去生に由来する影響力という意味です。例えば、「君は彼との間に何か強いカルマがあるに違いない」などという場合です。これは、人間どうしの関係性という横軸を主に意識した言い方です。

これからご紹介する「カルマの浄化の祈り」によって、私が神様に祈ってクライアントの方と誰かとのカルマを浄化していただくと、双方とも魂の光がとても大きくなります。

この「カルマの浄化の祈り」は、主として②の意味のカルマを浄化する時に使うマントラです。つまり、特定の人と人の間を拘束している悪い関係を、現在・過去・未来と一気に浄化していただき、関係を良くしてくれる祈りの言葉なのです。

それだけではありません。病的な邪気は、実は見えない気のエネルギーのつながりによって、縁の強い他人や霊から受けているケースが多いのですが、そうした場合、相手とのカルマを浄化すると、相手からもらっている邪気をきれいにしてしまうことができます。ですから、カルマの浄化は自分のオーラをきれいに保つ上でも不可欠なのです。

例えば、風邪はウイルスによって感染すると考えられていますが、実は、自分と過去生からのカルマがあって、見えないエネルギーで太くつながっている相手（家族や友人など）が風邪を引くと、直接は会っていないのに遠く離れている自分もその人の風邪の症状をもらってしまうということがよくあります。この現象を「カルマ風邪」と呼んでいます。「カルマ風邪」は、いくら薬を飲んでもなかなか治ってくれません。カルマでつながっている相手が治ってくれるまで治らないのです。

こんなケースでは、相手とのカルマを浄化すると、見えない邪気のつながりが消え、すぐに治ってしまいます。ただし、「カルマ風邪」が一体誰から来ているかを見分けるには、サイキックな力を使わないと難しい場合が多いようです。

②加害者は被害者のカルマを言い訳にはできない

少し脇へそれますが、大事なことですのでお話しします。

世間には、どうして自分がそんな行動に出て人を傷つけてしまったのか、自分でも理解できないといったことがよくあるようです。そうした出来事の背景には、過去生からのカルマが影響していることが多いのです。

そこで、もしBさんを傷つけたAさんが、今カルマを盾にとってこう弁解したらどうでしょう。

「私は確かにBさんを傷つけましたが、Bさんが傷ついたのは、きっとBさんにも過去生で誰かを傷つけたカルマがあって、その反作用です。私はBさんのカルマに巻き込まれて手伝わされた結果として傷つけただけですから、悪くありません」と。

しかし、そういう言い訳は成り立たないでしょう。なぜなら、もしBさんが傷つく運命にあったとしても、Aさんと神様との関係が良ければ、神様の守護によって少なくともAさんが荷担するのは避けられたことでしょうし、やはりAさんに何か相応の原因があったから傷つけたのでしょう。

また、「過去生ではBさんが私（Aさん）を傷つけたはずだから、今回は私がやったのです」と、傷ついたBさんに責任を転嫁したらどうでしょう。もしそれが本当なら、過去生でBさんがAさんを傷つけたのだって、もっと古くからAさんにあったBさんへの怒りが反作用として働いた結果でしょうから、やはりAさんは責任を棚上げにすることはできないでしょう。

このように、被害者のBさんにカルマ的な要因がもしあったとしても、傷つけたAさんは、やはり神様とAさんに謝って深く反省しなければならないはずです。相手のせいにしている限り、怒りの応酬は何度転生しても止まらないことでしょう。

③「ヒーリング事例――カルマの浄化で変わった上司」福田裕一さん（仮名・公務員）

私の「カルマの浄化」のお祈りで人間関係が改善した例は数多くありますが、ここで典型的な例として、福田さんという方の例をお話ししましょう。

福田さんは職場の上司の松浦さん（仮名）と折り合いが悪く、その頃いつも心がイライラしていました。毎日いつも一緒に仕事をしなければなりませんでしたから、福田さんの表情はとても暗く、ほとほと困っていらっしゃるようでした。

そこで上司の松浦さんを霊視したところ、神様との関係が非常に遠く、したがって魂の光がほとんど見えないくらい小さく、否定的で怒りやすい性格が如実にオーラに現れていました。部下の皆から嫌われているというのもうなずけました。

福田さんのライフ・レコードに刻まれている過去生には、案の定、福田さんと松浦さんが動物時代の非常に古い時代から何度も出会ってはケンカをしてきた経緯が刻まれていました。今生でまた出会ったのは、お互いの怒りが心の中にあって、それが互いを引き寄せたものであり、出会いは必然だったのです。

私は、「カルマの浄化のお祈り」を福田さんと一緒に行いました。

ⅰ　カルマの浄化は過去生から未来生へ進む

私が祈り終わるとすぐに天空から光が来て、福田さんと松浦さんの魂の間にある陰と陽の暗い色のつながりを光が中和して浄化し始めました。両者をつなぐエネルギーコードを神様の光で中和している時の質感から、過去生での関係がおよそわかります。毎回の過去生で、お互いに好きで執着によってくっつき合っていた人同士は、ネットリした感触の邪気がエネルギーコードから消えていきますし、怒りで敵対し合っていた人同士なら、ビリビリした粗い感触の邪気がエネルギーコードから消えていきます。

福田さんと上司の松浦さんのカルマの浄化は最初、遠い過去生で下等動物だった時代の感情の浄化から始まりました。光はだんだん高等生物時代の浄化へ移っていき、ようやく人間に転生して間もない頃の浄化へと進みました。紀元前の古い時代の浄化が長く続き、やっと現在の人生の浄化が始まりました。その後、浄化の光は未来生の浄化へと進みました。そうです。このつらい人間関係が今後の転生でもずっと続くシナリオが霊界に存在していました。

しかし、これでもまだ浄化は終わりませんでした。地上の転生の数々が浄化されると、今度は神様の光が「高次霊界」と私が呼ぶ高い霊界の「上位存在（ハイ・ビーイング）」どうしの関係の浄化に移っていったのです。

ii　カルマの浄化は「高次霊界」に及ぶ―高次霊界のしくみ―

ここで再び脇道にそれますが、「高次霊界」について見ておきましょう。

私の言う「高次霊界」は、死んだ後に行く霊界よりもっと高い波動の霊界であり、そこには「上位存在（ハイ・ビーイング）」という地上の人間の原型の霊が無数に存在しています。それは地上の人間と異なり、転生をしていない霊的な存在たちです。

「上位存在」は、西洋の人々には天使の姿に見えたりするのですが、東洋人が見ると菩薩や如来やいろんな神々であり、羽がない場合が多いようです。高次霊界の上位存在たちは、地上の人間の意識というフィルターを通して、人々の理解しやすい形、見たい姿で見せられるようです。

日本の神社にはさまざまな神々が祀られていますが、一部の神様たちは、人間が死後に神様として祀られたものです。生まれ変わりをしていない高次霊界の存在たちも多く祀られています。そして、それぞれ機能別の御利益が想定されています。例えば、商業の神様、安産の神様、勉学の神様といった具合です。その御利益（使命）は、その上位存在や下生《けしょう》（本来は神仏がこの世に出現することを指す言葉ですが、本書では、ある上位存在を元にして、下のレベルの世界に生まれることを下生と呼びます）が、創造主のお体のどこの部分から生まれた魂であるかによって決まっています。そうした高次霊界の上位存在の魂の使命を、地上の下生の私たちも受け継いで転生しています。ですから、高次霊界の神々も私たちも、何か一つ特別なパワーなり使命なりを持っているのです。

実は、高次霊界の上位存在たちは、宇宙の特定の星の意識をその魂としています。『出口王仁三郎の遺言　あなたが聞く「みろくの世」』（櫻井喜美夫著　太陽出版）によれば、大本の聖師であった出口王仁三郎さん（詳しくは第二部でご紹介します）は、「地上の人類はそれぞれ天の星を負って生まれてくる」と言っていたそうです（同書50頁参照）。

例えば、私の場合はオリオン座のある星の意識を魂とする神様（神社で祀られている）が上位存在であり、この神様はいつも高次霊界にいて、生まれ変わりはしていません。この存在の下生として地上の私が生まれており、私の過去生も全てこの上位存在から生まれ出ています。

iii　カルマの浄化は「神界」や神様にも及ぶ

さて、脱線が長くなりましたが、「カルマの浄化」に話を戻しましょう。

地上の転生で福田さんと松浦さんの仲が悪かったとしたら、高次霊界でも両者の「上位存在」どうしの間（すなわち星どうしの間）には必ず確執があります。地上の人間関係の善し悪しは、高次霊界の「上位存在」どうしの関係に影響しますし、逆に、「上位存在」どうしの関係は、地上の人間関係にも影響します。

その後、福田さんと松浦さんのカルマの浄化は、高次霊界よりもっと高いレベルの「神界」へと進んでいきました。

この「神界」には、いろんな姿の神々が視えます。さまざまな菩薩、神様を守る狛犬やシーサー、神様を乗せている象、天を舞う鳳凰《ほうおう》やフェニックス、ユニコーン、さまざまな竜神、象の頭を持つ人間のようなガネーシャ神、大きな頭のわらべのような座敷わらしなど、あらゆる神々がいます。神社や神殿などにあしらわれている動物たちの多くは、このレベルの霊界に実際に存在しているように視えます。

人間どうしの確執は、神界の神々どうしにまで及びます。福田さんと松浦さんのカルマの浄化をお祈りした結果、神界レベルでも浄化されたのです。

その後、とうとう宇宙の創造主である神様のお体にまでカルマの浄化が及びました。地上で二人が対立していたことによって、神様のお体の二点間に滞りが出来ていたのですが、それが浄化されたのです。人間どうしが喧嘩をすると、神様のお体のある部位と別の部位の間にエネルギーの滞りが生じるのです。

このように、森羅万象は究極のレベルではバラバラではなく、一つの神様なのです。あの人はあの人、私は私といった具合に、全てがバラバラに見えるこの物質世界は、神様の創りだしている幻影なのです。私たちは普通そのことを知らずに生まれ育ち、この幻影にどっぷり浸かって騙されたまま生きています。全てがバラバラに見えるこの幻影は、神様のおつくりになった自我意識というデバイスによって現出したものです。その仕組みや宇宙誕生プロセスの霊視については、第5章「宇宙のしくみ」で詳しくお話しします。

さて、それから一カ月後の福田さんのご来院の時――。

福田さんは驚きで目をまん丸くさせて、あのカルマの浄化セッションの後に職場で起こったことを私に報告してくださいました。

「実はあれ以来、上司はまるで人が変わったように機嫌が良くなって、皆驚いているんですよ。表情もにこやかになって、私のご機嫌を取ったり冗談さえ言うように変わってしまったんです。前は冗談なんか言うような人じゃなかったんですから」

カルマの浄化をお祈りした私でさえ、にわかには信じられないくらいでしたが、福田さんはそのようにご報告してくださったのです。

このカルマの浄化によって、福田さんと松浦さんの魂の光は一気に強く大きくなりました。魂の光の周りを覆う自我意識の層は逆に薄くなりました。これが二人の関係に良い結果をもたらしたのです。

福田さんにはもともと魂の光が大きくありましたが、松浦さんの魂には光がほとんど現れていませんでした。そんな上司の魂にも、小さいながら魂の光が現れたのです。

④マントラによるカルマの浄化

それでは、いよいよ私が行っているカルマの浄化方法をご紹介します。この祈りの言葉も、宇宙の創造主である神様から直接に受信したものです。

i　北を向いてゆったりと座り、目を閉じ、宇宙の創造主である神様の光をイメージしましょう。

ii　「頭上の開元ポイント」と北極星付近の「地球の開元ポイント」が神様の光でつながるのを感じましょう。

iii

カルマを浄化したい相手の方を思い、ご自分の言葉で祈ってお願いします。例えば「神様、どうか私と●●さんとのカルマを浄化してください」「神様、私の●●さんへの怒りを浄化してください」「神様、どうか私の●●さんへの執着を浄《きよ》めてください」などです。そして、次の言葉を七回唱えます。

神のためにこのカルマを浄《きよ》めます
神によりこのカルマは浄められ
私と●●さんの心を浄くします
このカルマを浄めます

---

iv

唱えた後が大事です。両者間でやりとりされてきた過去生の感情という邪気（陰と陽から成る）が、魂の螺旋のライフ・レコード上に錆みたいにこびりついているのを、神様の光が古い方から新しい方へ浄化していくイメージをしてください。十分時間をかけてください。最低十五分、強いカルマの場合、三十分〜一時間程もかかります。

カルマの浄化の祈りを行っても、何の変化も起きないという場合、おそらく浄化すべき負のエネルギー（ライフ・レコードについた陰と陽）の量に比べて〝光の貯金〟が足りないのです。家の掃除でも、ひどい汚れを落とすには強い洗剤をたくさん使って大量の水で洗い流す必要があります。神様は、私たち一人一人のこれまでの人生や過去生の生き方を克明にご存じであり、それに照らしてどの程度浄化していただけるかが決まってきます。

私は「神様の光を広める」という魂の使命を頂いており、過去生で何度も神様のメッセンジャーとして転生してきたので、お祈りで頂ける光の量が多く、カルマの浄化のお祈りをすると大量の光で浄化できるケースが多いようです。

誰にでもカルマの浄化が強力にできるのなら大変喜ばしいことですが、いろんな方々がこのお祈りをご自身で行ってどうなるかということについて、残念ながらまだデータがあまり揃っていません。ですから、「さあ、誰でも簡単にできますから皆さんやってみてください」と軽々しくお話しすることはできません。「やってみたけど何も変わらない」という方もいるでしょうし、「すごい変化があった」という方も真剣に行った方の中から現れるかもしれません。現時点で言えることは、少なくとも数名の方は私のセッションのサポートなしでこの浄化を行い、好結果が出ているということです。

⑤カルマの浄化と代償

カルマを浄化していただくエネルギーである「光の貯金」を増やす上で大切なことは、神様を信じ、心から愛することです。それなくしてカルマの浄化という恩寵が与えられることはないでしょう。その上で、例えば神様への純粋な愛を奉仕活動や福祉などへの寄付で行動として表したり、神様に愛を捧げる祈りや、悪習慣の放棄といった行動で現していくと奏功する場合があるでしょう。

ただし、カルマの浄化は神様の純粋な恩寵や愛として与えられるものであり、人間と神様との取引ではありません。たとえカルマの浄化という見返りを期待して何か善行を行っても、それは神様には届きません。見返りを期待する気持ちは、自分を益するための要求であって、愛ではないからです。自分を益する気持ちは自我意識を強めます。見返りを期待せず、純粋な神様への愛から行うことが大切です。

i　悪習慣や執着を手放す

ある小学生の女の子は喘息発作に苦しんでいました。この子は大好きなゲームをやめて手放すよう神様から促され、頑張ってそのとおりにしたところ、ヒーリングを何回か経て喘息発作が出なくなりました。神様はこの子がゲームにはまっており、執着によって魂の光が暗くなっていることをご存じだったので、手放すように注意なさったのです。ゲームを手放すことで神様との関係が太くなり、たくさん入るようになった光（愛）で神様は病気を治りにくくしていたカルマを浄化してくださいました。

ⅱ　奉仕

ある中学生の男の子がお母様に伴われて私のところに来ました。腰が痛くて好きな野球ができないというのです。私がヒーリングで腰の邪気を浄化しようとしても、邪気は強くてなかなか消えません。どうすればよいのかと祈って神様に伺ったところ、いろんな場面でお友達を助けてあげたり、クラスのみんなに親切にしてあげるようにという促しがサイキックな聴覚で聞こえてきました。私はそれをお伝えしてお別れしました。その後、男の子は自分なりに一生懸命言われたとおり努力したそうで、腰痛が治ったといううれしいご報告をお母様から電話でいただけました。

ⅲ　祈りを捧げる

ある男性は、昔からお母さんとの関係が悪く、将来のレコードには母と深刻な対立に至るであろうことが視えていました。この男性は、過去生からずっと母を傷つけたり傷つけられたりしてきたことが魂のライフ・レコードに視えていました。この男性は、「光の祈り」を神様に心を込めて五十回唱えるよう促され、二回のセッションで私と共に五十回の「光の祈り」を真剣に捧げました。すると、次のセッションでこの強いカルマを浄化していただけました。

vi　大切な物を人にプレゼントする

Ｆさんという女性は、いつも職場の先輩にきついことを言われて毎日とても重く暗い気持ちで働いていました。先輩との強いカルマを浄化するために私がご一緒に祈っても、浄化は全く起きませんでした。

その時、閉じた私の目の裏に、Ｆさんが何か小さなものをお母さんにプレゼントしているビジョンが視えました。私はＦさんに「何か小さなもので大事にしているものを、感謝を込めてお母さんに差し上げてみてください」と言い、Ｆさんは「はい、そうします」と言いました。すると、その場でＦさんと先輩とのカルマの浄化が始まったのです。Ｆさんは後日約束通り、大事な品物をお母さんにプレゼントしました。その後、きつかった先輩の人当たりが柔らかくなったのだそうです。Ｆさん自身も転属となり、その先輩と顔を合わせなくてよくなったそうです。

第5節　清らかな食べ物

①食べ物は神様への捧げもの

神様はある日テレパシーで私にこう言われました。

「何であれ、あなた方が食べるものは、あなたという神の一部に取り込まれます。ですから、食べることによってあなた方はそれを神に捧げることになるのです。いつも清らかな物だけを食べなさい」

穀物や野菜が豊富にあるにもかかわらず、人間の贅沢な嗜好のために命を落とすたくさんの動物たちや鳥たちや魚たち……。彼らは殺される時、苦痛や恐れや怒りの感情をオーラに強く刻み込みます。そうした低い感情の波動は、どの肉の一片にも、それから採られるスープや出し汁にも、見えないオーラ（生体エネルギー、波動）としてしみ込んでおり、食べた人のオーラに取り込まれます。その低い波動は、人の思考や感情に影響しています。霊性修行をしている人々が昔から菜食を心がけているのには、相応の訳があるのです。

②食前の祈り

食前に食べ物の邪気をお祈りで浄めましょう。神様は次の祈りを教えてくださり、こうおっしゃいました。

「食事の前に次の祈りを七回唱えなさい。そうすれば食べ物は浄化されます」

神の体であるこの食べ物を神に捧げます
私の中の神に捧げます
神により、この食べ物は浄くなり
私の心と体を浄くします
この食べ物を神に捧げます

これを七回唱えるにはちょっと時間がかかり、慣れないうちは大変ですが、スラスラ覚えて唱えればさほどの時間はかかりません。

でも、一体なぜ七回なのかといいますと、七は「完全」を表す神聖な数字であり、神聖なものをいただくために七回唱えるのだそうです。

実際このお祈りを七回唱えますと、実に不思議ですが、七回目を唱え終わった瞬間に神様のエネルギーが大量に来始め、強い力で陰や陽のエネルギーを浄化して中庸に近づけてくれます。ですから、唱え終わってからも少しだけ待って食べてください。

ただし、ＩＨ調理器で加熱調理した食べ物は不自然な邪気が強力についており、常食すると魂の光を減衰させます。ＩＨの邪気はこの祈りでも浄化できません。

実験として、このお祈りで浄めた水とそのままの水とを飲み比べてみてください。お祈りで浄めた方の水は舌触りがトロリとして柔らかく、味も甘くマイルドに変化しているのが容易におわかりになると思います。

このお祈りは声に出して唱えてもよいですし、心の中だけで唱えてもかまいません。手は合わせても合わせなくてもいいのですが、神様に祈るという気持ちが大切です。普遍的な祈りの言葉ですので、どの宗教を信じている方でも浄化の効果があります。

③肉食による人類のカルマ

神様は私にこう言われました。

「人間の動物に対するあまりにもひどい扱いは、あなたがたに災いとして返ってきます。膨れあがった人間の欲望は、神への愛を衰退させています。そのことを教えるため、あなたがたに災いがやってきます」

近年、食肉にされる動物たちの病気が次々と発生し、多くの動物が殺処分されています。

既にお話ししましたが、２０１０年秋には強毒性ウイルスの鳥インフルエンザに感染した鳥が日本国内で発見され、２０１１年にかけて百十六万羽の鳥が殺処分されました。２０１０年4月に宮崎県で最初に口蹄疫が発見され、二十九万頭の家畜が殺処分されました。東日本大震災はその直後に起きています。

今これを書いている時、神様から私へエネルギーが放射され、サイキックな動画のビジョンが私のオーラに埋め込まれました。本書の執筆中には時々こういうことが起きるのですが、その度に強いエネルギーを浴びて、とても眠くなります。

そのビジョンの中身を見てビックリです。どういう映像かといいますと――。

人間が食べるためにたくさんの動物を殺すことによって、根源世界では非常に激しい波動の混乱や乱反射が引き起こされています。そしてそれによって、根源世界の中心にいらっしゃる神様がとても苦しんでいらっしゃいます。さらに、人間が引き起こしたその悪い波動（動物を傷つける行為）は、神様に届いて神様を苦しめた後、神様から人間社会に跳ね返ってきます。それが物質界では動物たちの疫病、大地震、津波、原発事故、サイクロン、大噴火などの現象であり、人間自身が自分たちのしたことによって苦しんでいる――そういったビジョンなのです。

i　カルマのない肉料理とは？

また、私は神様から次のようなビジョンも視せられました。

右手に持ったナイフで左手の甲を刺している人が視えます。しかし、ナイフ全体が強く輝くまばゆい光になっており、刺される左手もまた強い光の手になっています。そして、光のナイフを光の手の甲に刺した瞬間、ナイフの光と手の光がフワーッとやわらかく融合し、何の痛みもきたしていないのでした。

これは、神様がカルマになさっていない捕食行動を象徴するビジョンなのでした。

神様は、動物たちが自然界において生命を維持するために不可欠な範囲で他の動物を捕食する行動に対しては、負のカルマを与えてきませんでした。人間に関しても、例えば穀物の栽培や輸入が不可能な地域において、人道的方法で屠畜《とちく》を行って生命を維持するのに不可欠な分だけを食することは、その人たちと動物たちとの間のカルマになさってこなかったそうです。

さらに、いにしえの昔に神様が預言者を通じて人々にもたらした教えに今も則って、愛情をもって家畜を大切に飼育し、恐怖を与えない人道的な方法により熟練した人が屠畜し、しかるべき方法で調理した肉を神様への感謝の祈りを捧げて必要な分だけ食する場合も、その人と動物との間のカルマにはなさってきませんでした。

私は以前アメリカを旅行した際に、ユダヤ教のコーシャ料理やイスラム教のハラル料理をいただく機会がありました。それらにはどれも動物のカルマの波動が付着していなかったので実に驚いたものです。コーシャ料理やハラル料理では、食肉になった動物たちが高い霊界に行っている事実が霊視で視えました。それを感謝の祈りを捧げてから食べる人も、動物の低い波動をオーラに取り込まないのです。また、そうした人々はライフ・レコードも中庸が太くなっており、肉を食べていても神様の守護が豊かに与えられていることがわかります。

ところで、第４章第１節③でも述べましたが、動物性食品を摂らないと、ある種の栄養が不足して不調をきたす体質の人は、完全なベジタリアンを貫くことは良くありません。そうした人が感謝を捧げて食べる場合はカルマになりませんので、医師のアドバイスに従い、できる範囲で行いましょう。

ii　神様を見失っている現代人の危うさ

この世界の全てを創った神様の存在を忘れ、我欲に突き動かされて物質至上主義を突き進む現代人の贅沢な暮らしのために日々命を落としていく動物たち……伐採されていく自然……。それらに対しても神様に対しても、全く感謝を捧げることなく、ただ空腹に食べ物を詰め込む人々……。おいしいものを求めてタレントさんが世界の果てまで出かけて行って、動物の肉を感謝のお祈りも捧げず、むしゃむしゃと食べるのを垂れ流ししているこの国のグルメ番組を見るのは、本当に苦痛です。生命や自然への畏敬の念は、いったいどこへ行ってしまったのでしょう。そうしたものを大切にすることは、果たして「格好悪い」ことなのでしょうか。「変わっている人」なのでしょうか。食事の前に手を合わせたり感謝のお祈りをする人を現代の日本では全く見かけませんが、私はそれがとても気になります。

④ベジタリアンのメリット

i　神様との関係が良くなった

私にとってベジタリアンになったメリットはいろいろあって書き尽くせませんが、あえていくつか挙げますと、まず何より私と神様との関係がよくなったことです。それは、罪悪感を持たないで生活できるようになったということです。私はまだまだ非常に未熟者ではありますが、少なくとも生き物を食べなくなった分だけは、堂々と神様と向かい合うことができるようになった気がします。

ii　動物と仲良くなれた

また、驚いたことに、私がベジタリアンになってから、動物たちが以前よりなついてくれるようになりました。街を歩いている時に、人が連れている動物とすれ違ったりすると、動物たちがうれしそうに寄ってきてくれるようになったのです。以前は動物を食べていながら動物の頭を撫でていたわけで、何かうしろめたさを感じたものですが、それがなくなり、精神的に真正面から動物と向かい合ってかわいがってあげられるようになったと思います。

iii　怒りや恐れが減った

また、ベジタリアンになったら自分の魂やオーラが明るくきれいになってきて、心に怒りや恐れや暗い気持ちが減ってきました。食肉として命を落としていく動物や魚たちの恐怖や怒りの邪気を取り込まなくなったからです。

iv　疲れなくなった

さらに、ベジタリアンになって本当に身体が疲れにくくなったと思います。私が肉食をしていた時期は、少し無理すると休みの日には一日中寝てやっとなんとか疲れが取れるというありさまでしたが、ベジタリアンになってからは、疲れても一晩ぐっすり寝て、朝、目が覚めれば、すっかり元気になっており、いつも身体は軽く、ラクに行動できます。長く歩いても疲れて座りたくなることはなくなりました。

⑤食物の陰・陽・中庸

さて、ここまでは肉食vs菜食という対立構造に沿ってお話ししてきましたが、実は霊性向上やオーラの浄化という視点からは、食事に関してさらに考察しなければならない要素があります。それは、食物には陰・陽・中庸という三種類のエネルギーがあるという点です。

i　中庸の食べ物は「愛と至福」

神様によれば、中庸のエネルギーの本質は愛であり、創造のエネルギーだそうです。中庸の食べ物を食べると、波動の高いエネルギーがアストラル体に取り込まれます。また、魂の中の神我もこの中庸のエネルギーで出来ていますので、神我の意思を感じ取りやすくなります。そして神様とのつながりが強くなり、心が愛と至福と平安に満ち、良いインスピレーションが働くようになります。

近年うつ病の方が増えていますが、うつの方のオーラには陰が強く、中庸のエネルギーが極端に身体に少なくなっています。それは、陰の強い精白した米などの穀物、コーヒー、香辛料などを大量に食し、電子レンジやＩＨ調理器といった器具で食べ物の中庸のオーラを破壊して食べていることも関係していると思います。ゲームやパソコンの電磁波も影響しているでしょう。

また、2011年3月の福島第一原発事故以来、日本は放射能によって環境に陰の気がとても強くなっていますが、陰は恐れや不安感や無気力をもたらしますので、これも人々のうつを強めていることでしょう。放射能を大量に浴びると、ブラブラ病という深刻な脱力状態になるそうですが、全くうなずける話で、典型的な陰の病気でしょう。

ii　陽の食べ物は「執着」を強める

塩、ミソ、醤油、漬け物、自然の火で加熱した食品などの持つ陽のエネルギーは、集める力であり、固まる力です。陽の食べ物を食べると体は温まり、活動性が出ますが、毎日大量に強い陽を取り込み続けると執着や衝動が強くなります。

iii　陰の食べ物は「恐れ」を強める

柑橘類、南方の産物、酸っぱいもの、精白した穀物、白砂糖、ジュース類、冷やした食品などは陰のエネルギーを持っており、拡散する性質を持っています。強い陰の食べ物を毎日大量に食べると体が冷えて重く不活発になり、恐れや不安が強くなります。

iv　放射能の陰が強い環境では陽も必要

2011年3月の福島第一原発事故以前は、単純に中庸の食事をお勧めしていました。しかし、原発事故により大量の放射線が海や大気や大地といった環境へ漏れ出ており、私のサイキックな体感では、日本の水や空気や農作物には放射能の陰の邪気が強く感じられます。一般に、沖縄県の農産物は放射能系の陰の邪気はほとんどなくきれいです（2012年7月現在）。北海道、九州、四国、山陰地方産なども少なくとも現在はまあまあ大丈夫です。東北や関東の農産物は放射線がたとえ不検出でも、微細な気のレベルでは邪気がやはり強いと感じます。放射線の邪気は陰であり、2011年3月以降、日本人の体の外側のオーラや体内には陰の邪気を感じます。これをなるべく中和させて中庸に戻すためには、塩、味噌、醤油といった陽を摂るとよいでしょう。

なお、中庸の食事や菜食の料理の実践につきましては、久司道夫さんのマクロビオティック料理に関する各種の書籍を是非ご参照ください。

第6節　神仏への愛を歌う

ここに魂の光を強く大きくしてくれる、とっておきのスーパー・ウエポンがあります。それは神仏への愛を歌うこと、賛美をすることです。しかも、家族や仲間と一緒に歌うとさらに効果は絶大です。例えば、クリスチャンは礼拝の時、皆でエホバやイエス様やマリア様を讃える賛美歌や聖歌やゴスペルを歌います。サイババ様の帰依者は、バジャン（インドのヒンズー教で神様に捧げてうたう歌。神様への信愛の歌による人と神様との神聖な結合という意味があります）を歌います。その他、あらゆる宗教には歌があります。

本来、口は神仏を歌い、真理を語るためにあります。神仏を讃える歌を純粋な心で歌う時、その人の魂は強く大きく光を放ち、その魂から発した光は、創造主である神様に届きます。そして、歌う人の魂を洗い浄め、人生のシナリオを中庸のシナリオに変えてくれるのです。音楽の心得のある方は、ぜひご自分で神様に捧げる歌をつくって捧げましょう。それは素晴らしい恵みをもたらしてくれるでしょう。

神仏を賛美する歌を純粋な心で歌うと、ご自分のシナリオが中庸に変わるだけではなく、家族やペット動物の魂も光ります。ご自分の魂から発した光が神様に届いた後、その光があなたとつながっている魂たちにもはね返ってくるのです。そして、あなたの周囲の人々のシナリオも調和的なものに変えてくれます。

私が神様を賛美する歌をうたい始めると、うちの二匹の猫たちの魂もたちまち光って中庸になります。それまでバタバタうるさく騒いでいても、とたんにおとなしくなって安らかに眠ってしまったり、その日一日おだやかになります。ヒーリングもよく効果が出てくれますし、やり甲斐のある良い仕事もやってきます。未曾有の大不況でも、本当に神様に守られていることを実感しています。私の場合、仕事は狐の姿の神様が力強く働いてご縁を持ってきてくださっているのが霊界に視えます。この狐の姿の神様は、創造主である唯一の神様が正しい人に祝福を与える際に手足となって働いていらっしゃる存在です。

何より、神様に捧げて歌うと幸福感が湧いてきて、本当に満ち足りた気持ちで平安な一日を過ごすことができます。平安は何ものにも代えがたいものです。地震や原発事故で大変な今のこの国で、平安な人などほとんど天然記念物かもしれません。しかし実は、平安な心は状況に関係なく手にすることができます。そして、平安な心こそが良い状況を創造するのです。

第7節　ご先祖様への愛と感謝を捧げる

これまで多くの方々のオーラを拝見してきてつくづく感じるのですが、いつも柔和な笑みをたたえていて、他人に優しく誠実で魂の光の大きな方は、必ずご先祖様たちの魂の光が強く、皆さん高い霊界に行っていらっしゃいます。それは、ご先祖様たちの大きな魂の光、すなわち豊かな愛と平安のエネルギーが地上の子孫に伝わってきているからです。

逆に、ご先祖様たちが皆とても暗い霊界に行っている方は、その影響を必ず受けており、心に怒りや恐れがあって心身の調子が悪かったり、否定的な感情がつらいシナリオを招いていたりして、とても大変そうです。

しかし、霊界のご先祖様たちの波動が地上の私たちに降りてくるだけではありません。地上の私たちの良い思いや行動が霊界のご先祖様たちに届いて、良い影響を与える場合もあれば、地上の私たちの悪しき思いや行いがご先祖様たちを苦しめて、低い霊界へおとしめたりもします。地上と霊界は、いつも相互に大きな影響を与え合っているのです。それは、地上の人間どうしが互いに影響を与え合っているのと変わりありません。

もしあなたが、ご先祖様たちが高い霊界に行っている家系に生まれているなら、その幸運を本当に感謝しなければなりません。しかし、ご先祖様たちが低い霊界に行っている家系に生まれていても、逆恨みしてはいけません。なぜなら、私たちがどの家系に生まれるかというのも、ご自分の過去生での思いや行いに責任があるからです。

日々ご先祖様たちに愛と感謝を捧げることは大切です。心からの感謝は光としてご先祖様たちに届いて実際に良い影響を与え、それは自分にも返ってきます。

ただ、高いお金を出して法要を行っているのに、ご先祖様たちが全然高い霊界に行っていないというケースもこれまで随分見てきました。法要を行っているからといって、それだけでＯＫということではありません。祈りを捧げる地上の人々が実際にどれだけ光を捧げることができるか、良い生き方をするか、そうした物事の中身が問われるのです。

第2部

アセンション

第5章　宇宙のしくみ

第1節　宇宙の誕生プロセスを霊視する

さて、遍在の神様が形づくっている宇宙は、どのようなプロセスで出来たのでしょうか。そして、神様の大本はどこにあるのでしょうか。

霊視では、以下のような壮大な絵巻が視えてきます。

①はじめに究極のエネルギーあり

まず、唯一の究極のエネルギーがありました。いや、それは今もそのままあります。それは陰でも陽でもない極めて安定したエネルギーです。それには何の形も姿もありません。

私はこれが究極の神様なのだと思います。私たち個々の人間も、今なおその次元では、そ

図Ⓐ

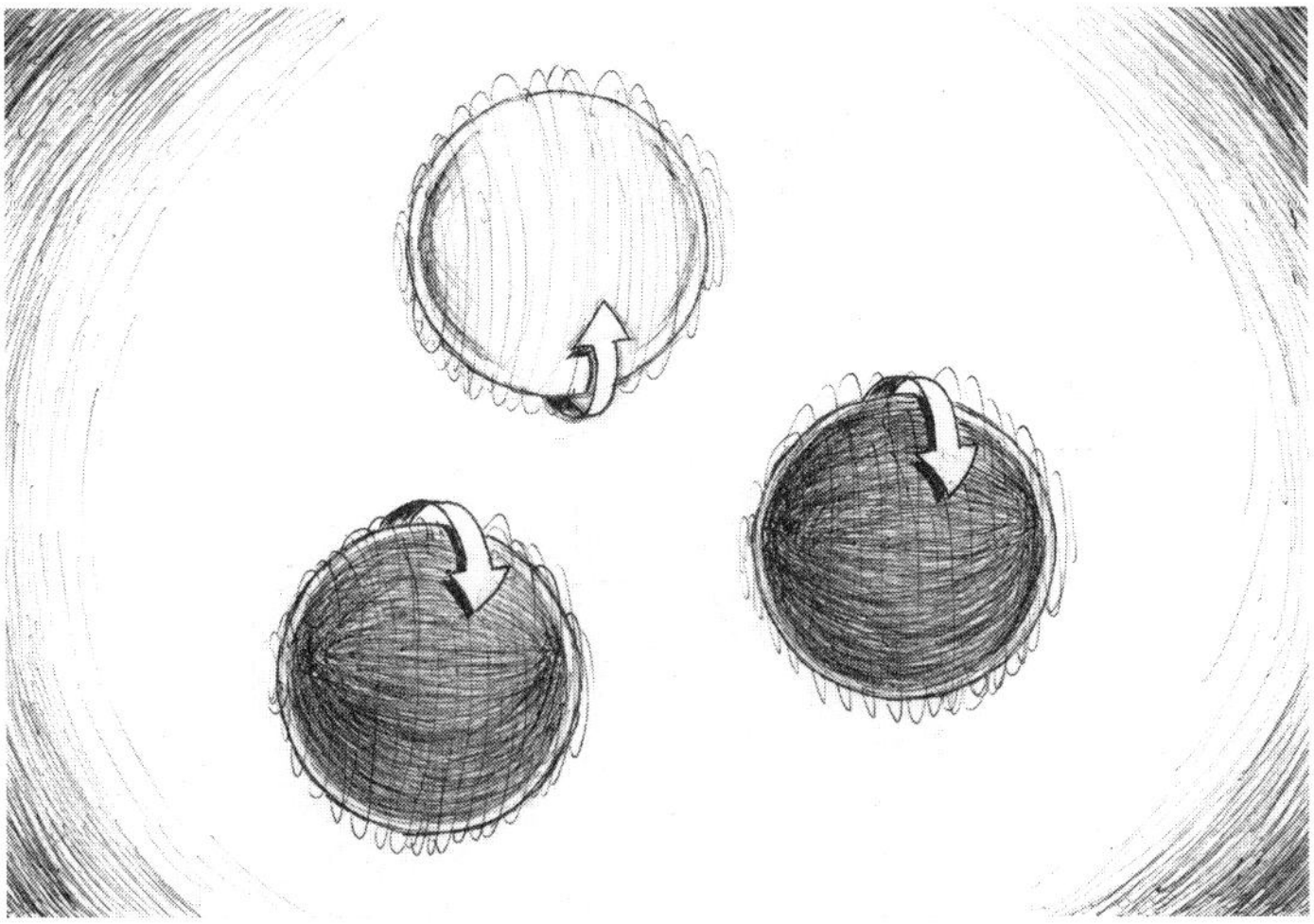

の究極のエネルギーの一部なのです。

②陰と陽の出現（図Ⓐ）

次に、その一つ下の霊界レベルに、この究極のエネルギーから分かれ出た一つの陰（拡散する力）と二つの陽（集まる力）の巨大なエネルギーのまん丸い球体が現れました。それは今もそのまま存在しています。

③根源的な神様の出現（図Ⓑ）

一つの陰と二つの陽の三つから、それぞれエネルギーが一点に向けて放射されて交わり、そこに巨大な中庸のエネルギーが出来ました。この光の中には、人の姿の超巨大な神様がいらっしゃいます。この神様はいつも静かに座っておられます。これが人の形をとられた初

図Ⓑ

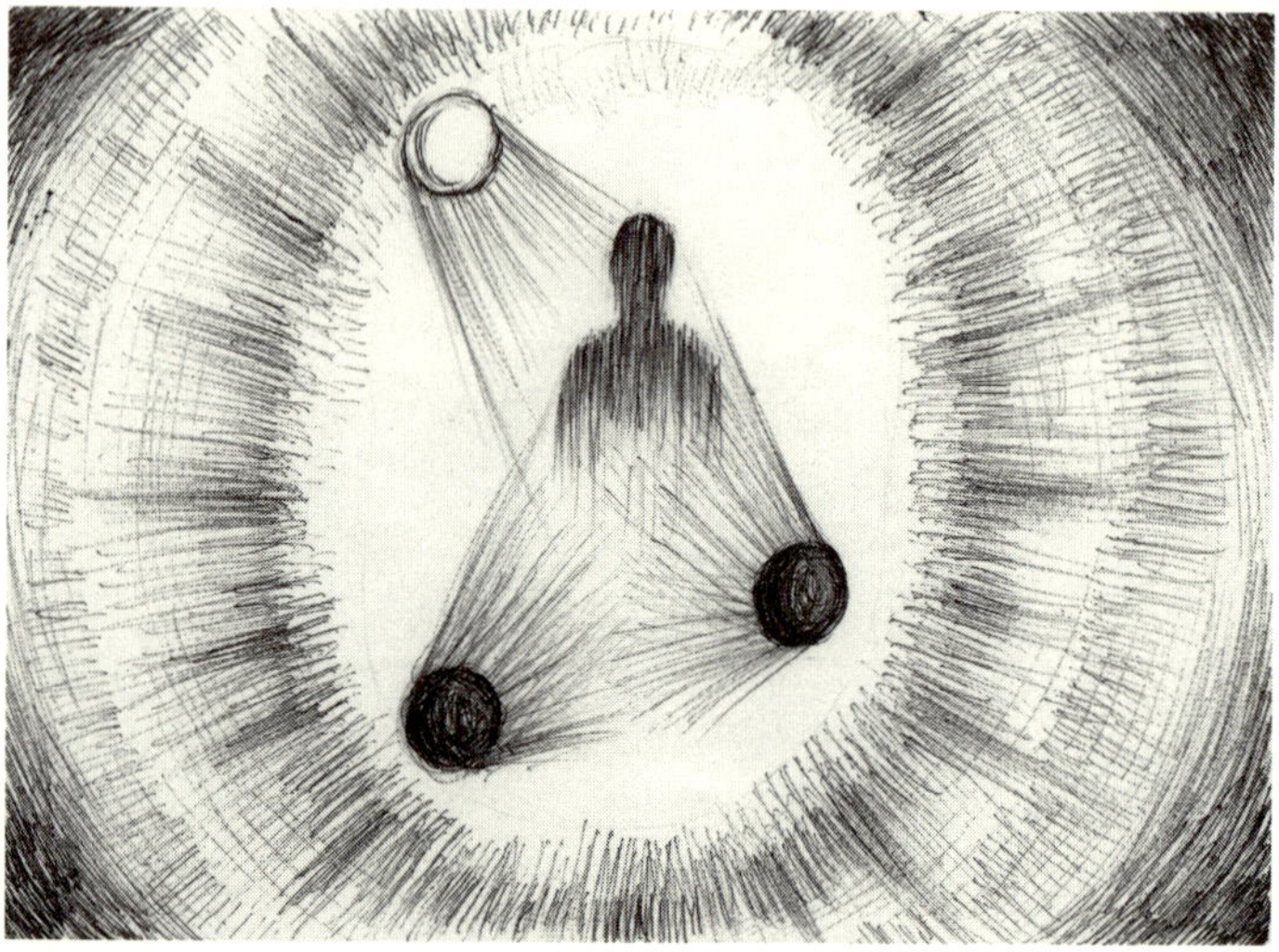

めての神様です。この方は今もそのまま存在しています。この最も根源的な神様は、地上の私たちの鳩尾《みぞおち》の光として映っているのです。

④この宇宙を統べる神様の出現（図Ⓒ）

次に、人の形をしたこの巨大な根源的神様のお臍《へそ》から、同じ姿ながら一回り小さな神様がニューッと生まれ出て、その神様のお臍からさらに小さな神様が生まれ……。それが何十回も繰り返されて、だんだん神様が小さくなりながら渦巻き状に連なっています（これこそグルグル螺旋を描く〝臍の緒のアーキタイプ（原型）〟です）。その最先端に生まれた神様が、私たちの物質宇宙をお創りになった直接の創造主であり、光の卵型の中でいつも静座されています。これが中性子のアーキタ

図Ⓒ

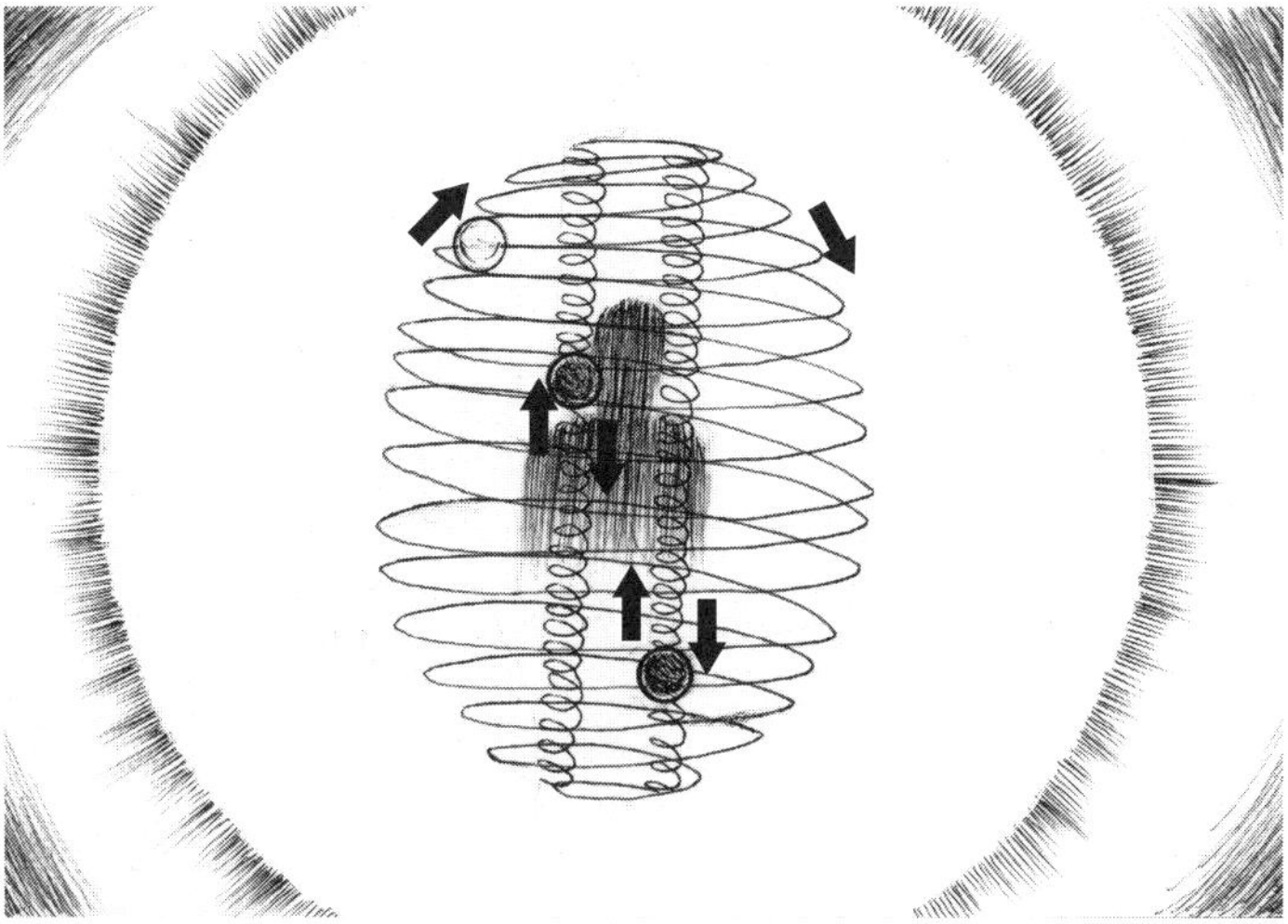

イプであり、男性の魂のアーキタイプです。
　この光の卵は、二つの陽のクオークが自転しながら中心部を螺旋を描きつつ上下に運動し、一つの陰のクオークが外側を自転しつつ螺旋を描いて上下に周回して形づくっています。全体としては中庸ですが、やや陰（拡散）のエネルギーを放っています。
　なお、以下に登場する神様たちの挿絵は、皆様がお持ちの神様のイメージを大切にしていただくためにあえて簡略化した模式図で表したもので、実際は非常に美しいお姿をなさっています。

図Ⓓ

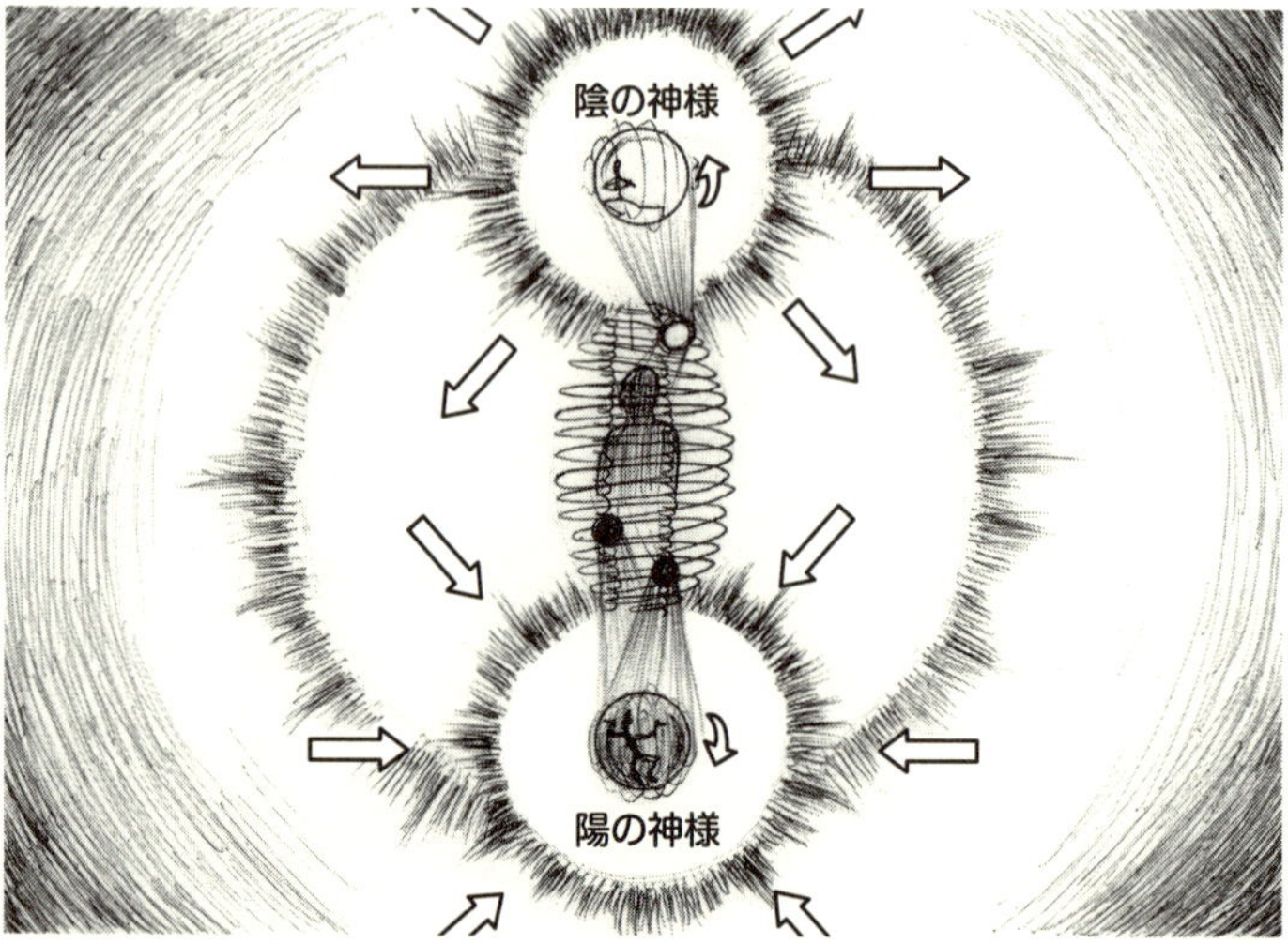

⑤陰の神様と陽の神様の出現（図Ⓓ）

ある時、この光の卵の中から外へ向けてエネルギーが放出され、その先に陰の神様（拡散するエネルギーの主・陰極）と、陽の神様（集まるエネルギーの主・陽極）が生み出されました。この二人の神様たちは、常に優雅な舞を踊っています。

この二人の神様たちも、さまざまな国でさまざまな名前で呼ばれています。二人の神様たちは、この後のフェーズで一者から多者に分かれるための力を提供しており、多様な生命が存在するこの世界をつくる上での基盤となっています。この神様たちのお力が地上の万物を貫いており、多様な現象や生き物の喜怒哀楽などさまざまな感情をつくり出しているのです。物質世界の電子やクオークも、こ

図Ⓔ

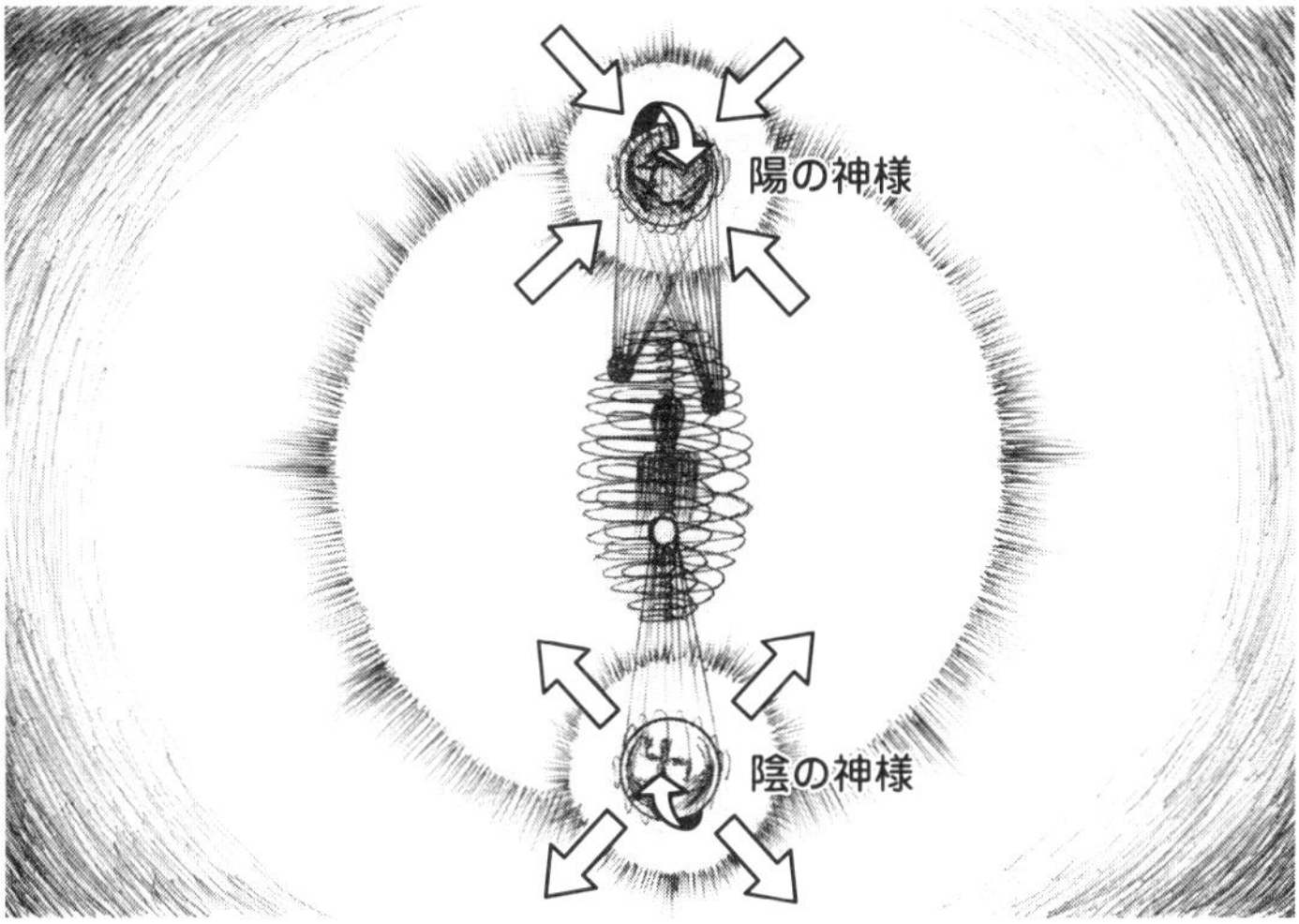

れら陰と陽の神様をアーキタイプとして出来ているようです。

⑥創造主の伴侶の神様の出現（図Ⓔ）

陰と陽の神様が出現した次の瞬間、陰と陽の神様たちからエネルギーが一点に向けて放射され、そこに創造主の伴侶の神様が生み出されました。この伴侶の神様が入っている卵型の光が、おそらく物質の宇宙で「陽子」と呼ばれているエネルギーのアーキタイプかと思われます。

伴侶の神様は、創造主の神様とは正反対に、その上に陽極を持っておられ、下に陰極を持っておられます。また、創造主である神様とは逆に、伴侶の神様の卵形をつくっている二つの陽のクオークは、自転しながら外側を螺

図Ⓕ

旋を描きつつ上下に周回しており、一つの陰のクオークは、中心部を自転しながら、螺旋を描きつつ上下に周回しています。全体としては中庸ですが、やや陽（集まるエネルギー）です。

このように、全てが創造主の神様と逆になっているのです。人間をはじめとする地上の全ての生物の女性の魂は、この伴侶の神様と同じエネルギー・パターンを持っています。

⑦一者から多者へ（根源世界の誕生）（図Ⓕ）

こうして、創造主の神様（中性子の原型）とその伴侶の神様（陽子の原型）が揃い、その周りを分離のエネルギー（陰と陽である電子の原型）が取り巻いて包み、全体としては「原子」のアーキタイプになりました。

図Ⓖ

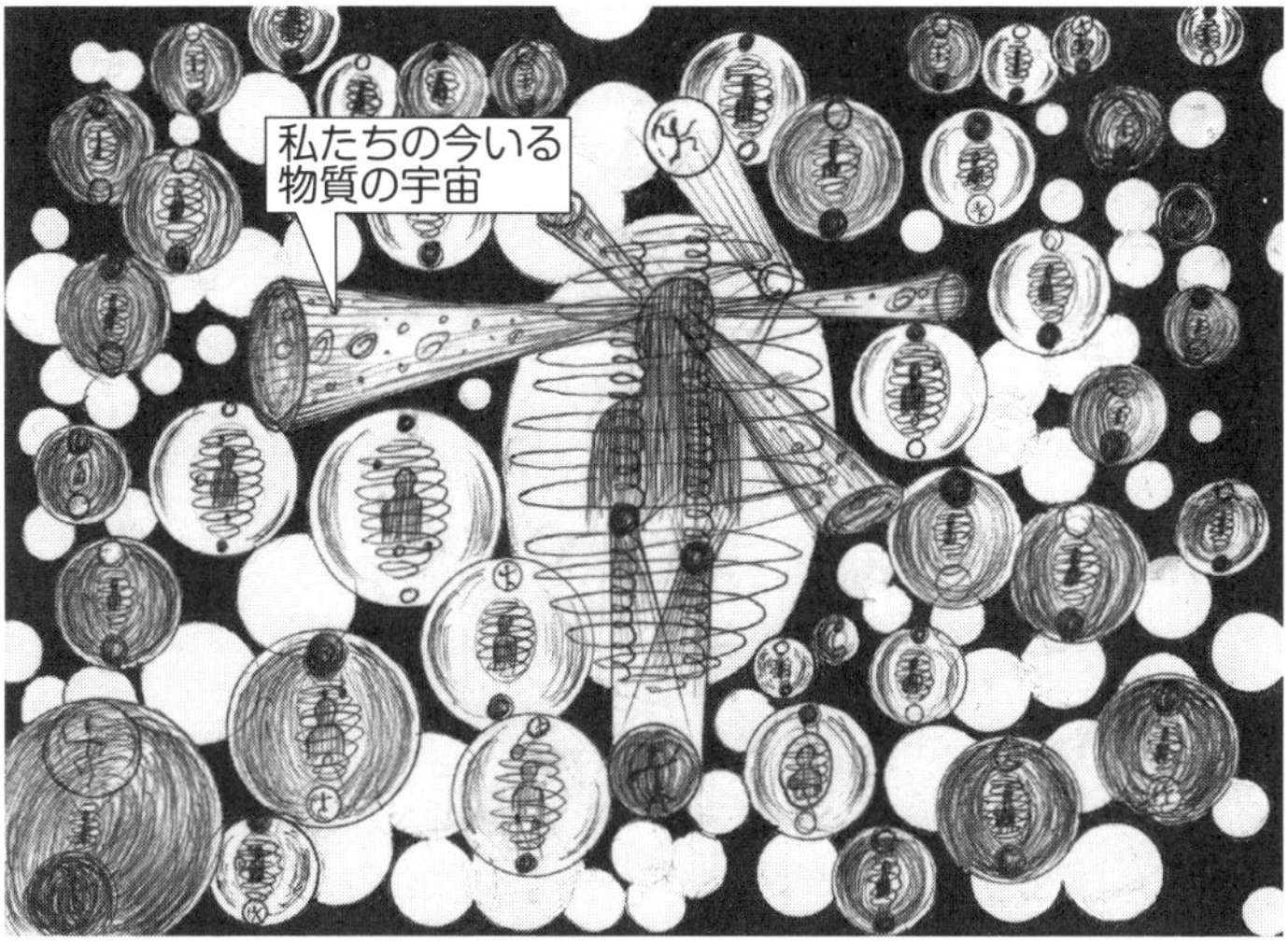

次の瞬間、それを中心として無数の光（原子たち）がそこから分かれて飛び出しました。それは、ものものしい大爆発によって出来たのではなく、ミラーボールに光が反射して壁に光の破片がサッと映り込むように、静かに、そして一瞬で幻影のように出現したのです。

これが、一者から多者に分かれた瞬間なのであり、そうして出来たのが「根源世界」という、無数の個の意識が織りなす意識の世界なのです。この「根源世界」における一つ一つの原子の中の陽子や中性子に由来するのが、私たちの胸に映っている魂の光なのです。

⑧物質の宇宙（時空）の誕生・生成（図Ⓖ）

サイキックな観察では、宇宙の直接の創造主であるこの神様の頭部から四方に向けて、

図Ⓗ

私たちの今いる宇宙は、神様の
左肩あたりに位置しています。

波動が異なる四つの宇宙が生成しており、それらは時間の経過と共に膨張しています。この宇宙の空間の膨張が時間そのものでもあるようです。

私たちの今いる物質の宇宙は、こうして四つでひとまとまりになっている宇宙（私は「宇宙の房」と呼びます）の一つであり、今神様の意識が当てられている私たちのいるこの宇宙だけが、現在経験することのできる唯一の宇宙らしいのです。

⑨無数にある宇宙（図Ⓗ）

四つでひとまとまりの花びらのような「宇宙の房」は、実は他にも無数にあり、それらが集合して、全体としては神様のお体の形を成しているように視えます。全く想像を絶する話であり、気が遠くなります。

⑩老子の宇宙観との驚くべき一致

以上、私が霊視で見たこのような宇宙の始まりは、老子の説く宇宙の始まりと驚くほどよく似ています。私はこれを霊視した後に初めて老子の説く次のような宇宙の始まりを本で読み、心底ビックリしたものです。

「道は一を生じ、一二を生じ、二三を生じ、三万物を生ず。万物陰を負いて陽を抱き、冲気《ちゅうき》以て和を為す」（道化第四十二）（『新書漢文体系２　老子　新版』阿部吉雄・山本敏夫著　明治書院刊１２８頁以下参照）

その解釈として、同書は「道がまず一元気を生じ、一元気が陰陽の二気を生じ、陰陽の二気が合して三番目の冲気を生じ、冲気が万物を生ずるのである。万物は陰を背に負い、陽を胸に抱き、冲気が陰陽の気を和合させる」（同１２９頁）と述べています。

さらに同書は、次のようにわかりやすくかみくだいて説明しています。

「老子は、道という無の世界のものから、有《ゆう》の世界のものである万物への変化の過程を、数字を用いて巧みに説明する。まず、無から有への橋渡しとして、道は一元気を発生させる。道は本来形をとらない渾沌とした万物未分化の状態であり、根源的な存在である。そこから形をとるべく一元気が発生する。しかし、この一元気はまだ万物を生み出す能力を持たず、『陰陽』の二気を発生させるだけである。だが、この陰陽の二気も、一段階進んではいるものの、それだけでは万物を発生せしむるには至らないとする。この陰陽の二気から第三の、いわば触媒となるような気が発生し、その第三の気を核として万物が発生するのだ、と説く。すなわち、本文でいう『一』とは『一元気』、『二』とは『陰陽の二気』、『三』とは『第三の気（陰陽二気プラス冲気《ちゅうき》で三）』のことである」（同129～130頁）

私の霊視では、はじめに陰でも陽でもない唯一の究極のエネルギーがあったのですが、これが老子の言う「道」あるいは「一元気」に相当します。

そこから陰と陽の二つが生まれたのですが、これが老子の言う「陰と陽の二元気」に相当します。ただし、霊視では、陽は二つの陽の玉として生まれたのですが、気の種類としては陰と陽の二種類だけですから、やはり老子の言う「陰と陽の二元気」と合致します（図Ⓐ）。

さらに、霊視では、一つの陰と二つの陽の三つから、それぞれエネルギーが一点に向けて放射されて交わり、そこに中庸の卵が出来たのですが、これが老子の言う「二三を生じ」に相当します（図Ⓑ）。三とは冲気だそうです。冲気の「冲」という漢字には「うつろであるさま、柔らかく手応えがないさま、むなしい」という意味がありますから、中庸のエネルギーに相当すると考えられます。

また、霊視では、中庸の光の卵から陰と陽が飛び出し、その瞬間に、陰と陽を伴う無数の中庸（陽子と中性子の結合している周りに陰の電子が取り巻いている原子のことでしょう）に分かれました。これを老子は、「万物は陰を背に負い、陽を胸に抱き、冲気が陰陽の気を和合させる」と言っているのだと思います（図Ⓕ）。

紀元前五〇〇年〜紀元前六〇〇年頃の人であろう老子が、最先端科学の知識である宇宙の生成や原子核の世界を既に喝破していたのだと思うと、鳥肌モノですね。私の霊視も、それと同じものを視たのかもしれません。

第2節　物質と宇宙は神様で出来ている

①中性子を霊視する

私は、第4章・第1節「聖なる七つの指針」の「⑦全ての行いを神に捧げる」のところで、次のように述べました。

「全ての物質は分子や原子から出来ており、その原子を構成している陽子や中性子にも実は意識があります。ですから、物にも全て意識があるわけです。陽子や中性子や電子の中に神様のお姿や意識があることをサイキック感覚で知覚している私にとっては、汎神論（万物は神の現れであり、万物に神が宿っており、一切が神そのものであるとする宗教・哲学観）は決して古代人の妄想ファンタジーではありません」と。

そこで、まず中性子を詳しくサイキック感覚で調べてみますと、一個のまん丸い球体の陰のエネルギー（拡散する力）が、それ自体くるくるとスピンしながら、大きな螺旋の軌道を描いて運行を繰り返しており、その大きな軌道が全体としてフットボールかマユか卵のような立体の楕円球体を成しているのが視えました。このまん丸い陰のエネルギーは、科学で言うクオークと関係が深いと思います。

中性子のフットボール状の楕円球体の中には、二つのまん丸い陽の球体エネルギー（これもクオークと関係があるでしょう）が、やはりスピンしつつ非常に小さな螺旋軌道を描きながら、フットボール内部の長い直径を一直線に往復運動しています。中性子の陽の球体エネルギーも常に二つですから、二つの陽の軌道も必ず二本あって、平行して走っています。

そして、フットボール状の中性子の中には静座している神様のお姿があります。また、中性子を構成しているまん丸い球体の陰と陽のエネルギーの中にも、優雅で美しい舞いを踊っている神様のお姿があります。これは、先の〝創造主の神様〟（図Ⓒ）と全く同じ形になっています。そして、こういうフットボール状の中性子が男性の魂の中心にあるのです。

サイキック・センシングで知覚した中性子

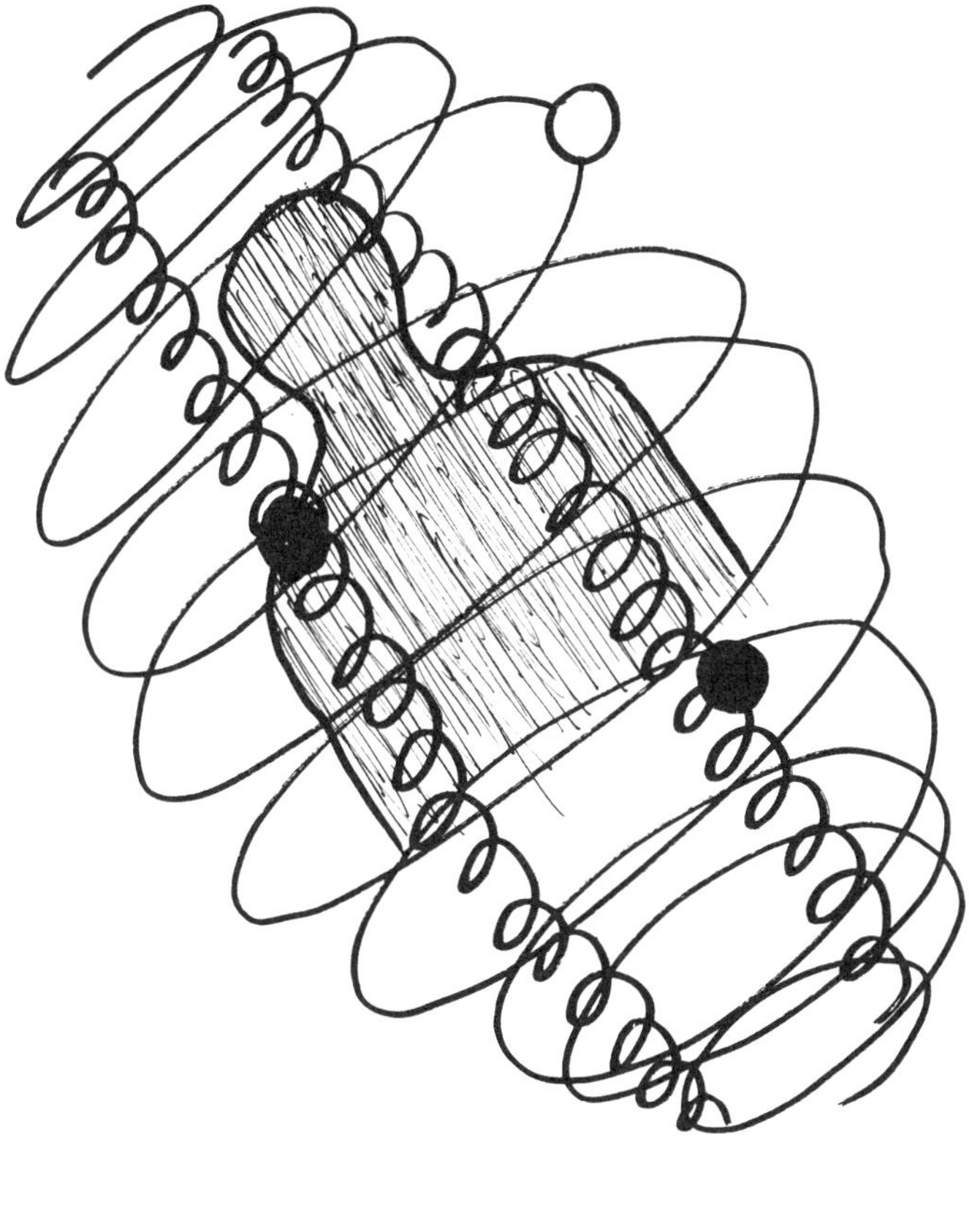

②陽子の霊視

今度は陽子を調べますと、まん丸い二つの陽のエネルギー（集まる力、クオーク）がスピンしながら大きな螺旋状の軌道を描いて運行しており、その軌道でやはりフットボール状の楕円球体が出来ています。ただし、陽子の陽の球体エネルギーも中性子同様、常に二個ありますので、外側の軌道が成している大きなフットボール状の殻と、内側の軌道が成している小さなフットボール状の殻が、陽子においては二重の殻をなしているのです。

陽子のフットボール状の二重の殻の中には、一つのまん丸い陰の球体エネルギー（拡散するエネルギー）がスピンしながら非常に小さな螺旋軌道を描きつつ、フットボール内部の長い直径を一直線に往復運動を繰り返しています。この陰の球体エネルギーも、中性子と同様に一個ですので、軌道も一本なのです。

そしてやはり、この陽子のフットボール状エネルギーの中にも、全て静座している神様のお姿があります。これは、先の〝創造主の伴侶の神様〟と全く同じ形です。そして、こういう陽子のフットボール状エネルギーが女性の魂の中心にあります。

ところで、電子はどうでしょうか。私のサイキック感覚では、数個の陽子と中性子がバナナの房のように集まっている原子核の周りを、まん丸い電子がスピンしながら周回しているように感じられます。「電子は霧のように原子核の周りに存在している」と科学雑誌

サイキック・センシングで知覚した陽子

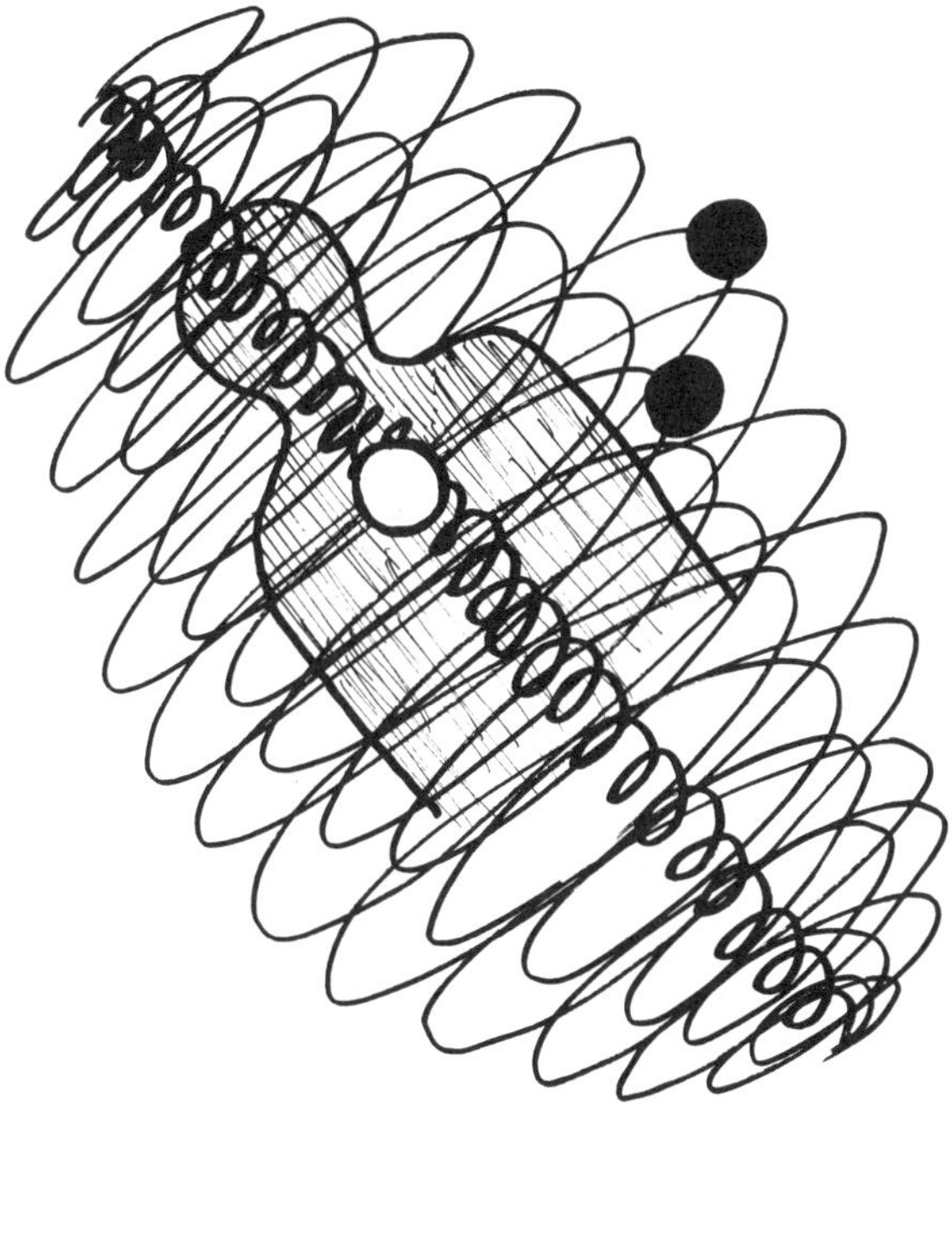

で読んだことがありますが、私には電子が原子核の周りの整然とした軌道上を回っていて、電子には外側の軌道や内側のカチッとした軌道もあるように感じます。この電子の中にも全て、踊っている神様の姿があるのです。

③ウパニシャッドの真実

分子や原子が発見されるよりずっと古い紀元前の時代から、インドのウパニシャッド哲学に述べられている「汎神論」（全てが神で出来ているという考え方）は、私のサイキックな観察では正しいようです。しかし、現代科学の観測ではとても小さ過ぎてまだ確認できていませんが。ですから、空中の空気に向かって愛を叫ぶなら、それは空気の分子・原子とつながっている根源世界の大本の神様に伝わりますし、水を両手ですくって愛を叫ぶと、それも神様に伝わるのです。神様は一体どこにいらっしゃるのかと心配する必要はないわけです。神様は遍在であり、本当にどこにでもいらっしゃるからです。無人島に流されて一人で孤独に暮らしていると思っている人でも、実はびっしりと神様に包まれていますし、独房の中にいる方の周りにも、神様はパンパンに充満しています。飲むものも食べるものも、全てが神様で出来ているのです。そしてそもそも、自分自身も神様の一部なのです。この世の何をとっても神様で出来ていないものはありません。

④光の大本はどこに？

このように、物質の宇宙全体が、巨大な神様の頭部から生まれている神様の思考内容なのです。そして私たちは、神様の束の間の思考の中の〝神様劇場〟の登場人物です。そんな宇宙の全てが神様で出来ていることは、むしろ当然です。ですから、神様はどこにいるか、といえば、どこにでもいると言えるでしょう。

また、何らかの光の源を指して神様と呼ぶとすれば、直接にこの宇宙を生み出している「根源世界」の中心にある光と、その中の神様を指して神様と言うこともできましょう。

さらに、もっと上のレベルの、人の形をした最初の神様（私たちの鳩尾《みぞおち》に映っている光の中の神様）を神様と呼ぶこともできます。

あるいは、もっと上のレベルの究極の無のエネルギーを神様と呼ぶこともできます。

それら全てが同じ神様なのですが、いろんな存在レベルがあって、それぞれのレベルで異なった存在形態があるようです。私たち一人一人もまた、この神様の一つの存在形態と言えるでしょう。

⑤私たちが自分を神だと気付くのを神様は望んでいる

ふつう私たちは自分の肉体を「私」だと思っていますが、私たちの意識の源は、永久不滅にして唯一の神様にあります。愛なる唯一の神様の意識が自我意識をまとって、これに包まれることによって個別の魂となり、物質世界で肉体に宿り、多くの者が存在しているかのように見えるこの具象の世界を経験しているのです。神様がご自分の愛を具体的なドラマとして地上で体験するためにです。しかし、非常に高いレベルの霊界においては今も神様は個々の存在に分化しておらず、唯一者として存在し続けています。私たちも皆、そういった存在でもあるのです。

自分の本質は肉体ではなく、不滅の魂であると自覚できるにつれ、肉体の自分の生存を阻害されることへの恐れ（典型的には貧困への恐れや病気への恐れ）や、肉体の自分を保存したいという執着（金銭欲や権力欲など）から解放され、自我意識という分離の錯覚が消え、中庸のシナリオを創造・体験し始め、つらい現実が減っていきます。この世は個人化した神である人間の意識通りに創造されており、私たちは日々鏡のように内面の感情通りの現実を物質世界につくり出しては体験しているからです。神様は「〝小さな私〟を捨てて〝本当の私〟に合一しなさい、そうすればあなたが体験する全てのシナリオを良くしてあげます」と、テレパシーで私に促しておられます。神様は、私たち自身が神であり、愛であることに気付くのを待ち望んでいらっしゃるのです。

こう言うと、『ああ恐ろしい。自分が神様だなんて、そんな不遜な考えは天罰が下る』と思われるでしょうか。確かに、厚い自我意識で囲まれたままの自分を神様と同列に考えることは決してできません。しかし、私たちの自我意識の奥にある魂の光は、やはり神様と同じ純粋な愛そのものなのです。人は自分を神様の一部だと自覚する度合いに応じて、他人の中の神様もわかるようになっていきます。もしも自分の本質が神様であると確信できないなら、他人の本質が神様であるという事実もまた信じられないでしょう。外界は心の鏡です。ですから、自分の神我が神様であると自覚し、自分の神としての部分を信じることは、この上もなく大切なことなのです。人類の一切の不幸はこの自覚が欠如していたために起こってきたといっても過言ではないでしょう。

人は自分を何者と自覚するか、それ次第でいかようにも変化します。本質において全ての人が永久不滅の魂にして神様の一部であるという自覚を毎日忘れず、神我の意識に立って行動することで、まず自分の魂が光り、周囲の人々の魂と初めてコンタクトを取ることができるようになるでしょう。そして、自分の家庭で変化が起きるでしょう。次に、職場や学校で変化が起きるでしょう。やがて国が変わり、世界が変わることでしょう。今日本が直面している問題も全て、この自覚に立って初めて解決へと向かっていけることでしょう。

⑥ピラミッドには創造主のエネルギーが宿っている

ところで、テレビや書籍で「エジプトのピラミッドは何のために作られたのか」というテーマは常に高い人気を博しています。謎に満ちたピラミッドには、人々を惹き付けてやまない何かがあるようです。

私はピラミッドの模型をある方から頂いて、そのエネルギーを検証したところ、興味深いことを発見しました。霊視でピラミッドを視ると、宇宙の創造主の姿とエネルギーが覆い被さるように映り込んでおり、中庸のヒーリング・パワーを発していることがわかったのです。特に、四角錐の底面の一辺を北に合わせて置くと（Aポジションとします）、第5章第1節の④「この宇宙を統べる神様の出現」でご紹介した図Ⓒとそっくりの神様が、ピラミッドを包むように映り込んで現れるのです。それは、北を背にし、南を向いて結跏趺坐でお座りになっている神様のお姿なのです。

実は、２０１２年5月に太陽の陰極が反転して以来、〝もう一つの置き方〟でもこの神様が現れるようになりました。その他の角度で置いても神様は現れません。

〝もう一つの置き方〟とは、まず底面の一辺を北に合わせて、通常の置き方で置いた後、ピラミッドの頂点が南を向き、底面が北を向くように四十五度反転させて置くのです（Bポジションとします）。

北向きに置いたピラミッドに現れる宇宙の創造主

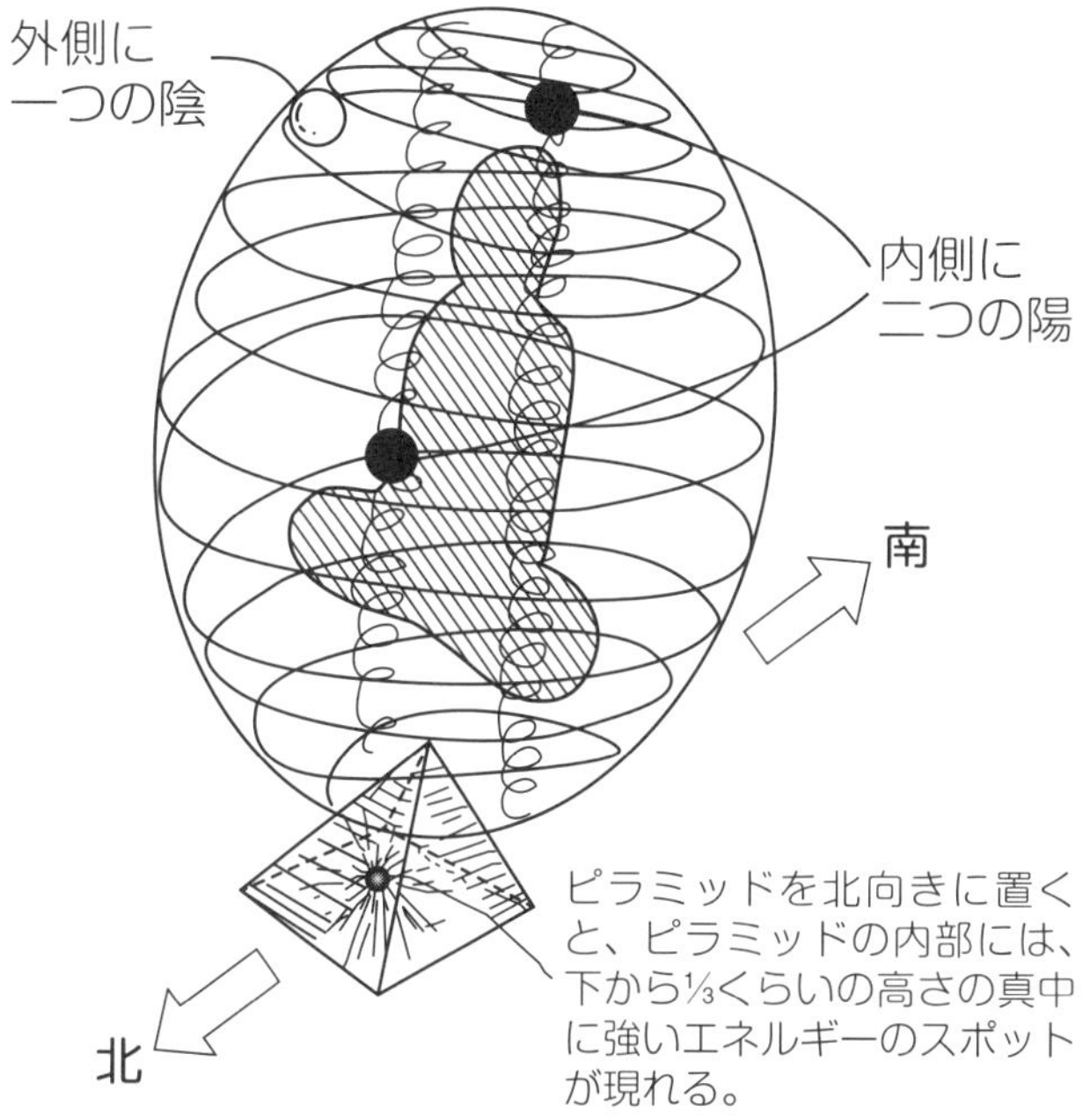
外側に
一つの陰
内側に
二つの陽
南
北
ピラミッドを北向きに置くと、ピラミッドの内部には、下から⅓くらいの高さの真中に強いエネルギーのスポットが現れる。

そうすると、横向きになったピラミッドに合わせる形で神様も横向きに現れ、しかもAポジションで現れる神様よりやや大きく現れ、いっそう強いエネルギーを発するのです。これは、太陽の極性が反転していることと関係しているのかもしれませんが、私の霊視では、第6章以降でお話しするアセンション後の新しい宇宙での位相が既に地上に現れているためのようです。

Aポジションで北向きに置いたピラミッドの内部には、下から三分の一くらいの高さの真ん中に、中庸のエネルギーが強く集まるスポットが出現します。少しでも方角をずらすと消えてしまいます。エジプトのピラミッドはこのあたりに玄室がつくられているようです。その玄室で神様の意識と交信したり、肉体の蘇生をはかったであろうと思います。ピラミッド内部から北極星やオリオン座の三ツ星が見られるのはチャネリングのためでしょう。ピラミッドの物質的な要素だけをいくら研究しても全貌はわからないでしょう。

私のヒーリングスペースでは、陶磁器製のピラミッドに私がさらにエネルギーを充填、強化した特注ピラミッド（「神岡ピラミッド」）を使ったワークも行っています。

理想的な状態では、人のチャクラに水晶の振り子を降ろすと、きれいな円を描いて大きく回り続けますが、執着や心配や怒りが心を占めていると、振り子はいびつな楕円を描いたり、上下の直線運動をしたり、止まったりします。しかし、このピラミッドに意識を合わせると、個人差はありますが、一般的には全てのチャクラで回転が安定し、正常な円運動に近づきます。特に頭頂の七番チャクラ（宇宙意識のチャクラ）が大きく開くとともに、四番チャクラ（ハートチャクラ）はその光を増し、へそ下の二番チャクラ（感情のチャクラ）は円の直径が小さくなって安定した回転をします。これは、ピラミッドに来る宇宙の創造主の中庸のエネルギーを受けて自我意識が減衰し、宇宙意識に同調し、心が平安になっているサインなのです。

もちろん、魂の光を引き出すには神我の意識をまずご自分でしっかり自覚することが大切ですが、ピラミッドは魂の光を引き出す上での良いサポートになってくれます。人は、いつも意識をフォーカスする対象と同じものになっていくのです。

第6章　アセンションとその前の大峠

第1節　アセンションで宇宙に何が起きるか

①神様の右の宇宙から左の宇宙へ

最近、スピリチュアルな本や雑誌でよく「アセンション」という言葉を見かけます。もうすぐ宇宙的な規模で大きな進化が訪れて次元が上昇し、人間や地球が大きく様変わりするという説のことです。一般には「次元上昇」という訳語が当てられています。

しかし、その時具体的に何が起きるのかと言えば、それについては実にさまざまな説があるようです。太陽系にフォトンベルトという光の帯が接近して、それに飲み込まれることでアセンションが起きるという説もあれば、オリオン座のベテルギウスという星が超新星爆発を起こしてその影響を受けるという説もあります。あるいは、マヤ暦が２０１２年

12月で終わっていることから、その時に地球が最後を迎えるという説もあります。

私は、本書の執筆をするよう神様からテレパシーで言われてまだ間もなかった2007年の8月28日、ビジョンや脳内に聞こえてくる言葉によって「アセンション」のことを知らされ、メモに取っておきました。

その日、私は瞑想状態になって神様にテレパシーで伺いました。

「神様、アセンションという言葉がよく聞かれますが、そういう世の終わり的なことが今後本当に起こるのでしょうか」

すると、〝待ってました〟と言わんばかりに間髪を入れず、閉じた目の裏にビジョンを視せられたのです。例によって私がそのように問いかけるよう神様に仕向けられたようでした。では、その時神様にどんなビジョンを視せられたかをお話ししましょう。


まず、第5章でご覧いただいたような、根源世界の中心で静座している神様が視えました。その神様の右の側頭部(私から見て左側)から、現在私たちが存在しているこの宇宙がニューっと伸びています。その宇宙が伸びている長い距離は、これまで宇宙が経てきた時間の長さであり、それと同時に、日々膨張し続けているこの宇宙空間の広さでもあります。

——すると次の瞬間、宇宙全体が苦しそうに揺れ始め、その揺れがしばらくの間続きま

2007年８月28日に神様に視せていただいたアセンションのビジョン（サイババ様はこれと同じビジョンを2007年10月４日にインドの夜空に映し出してみせた）。

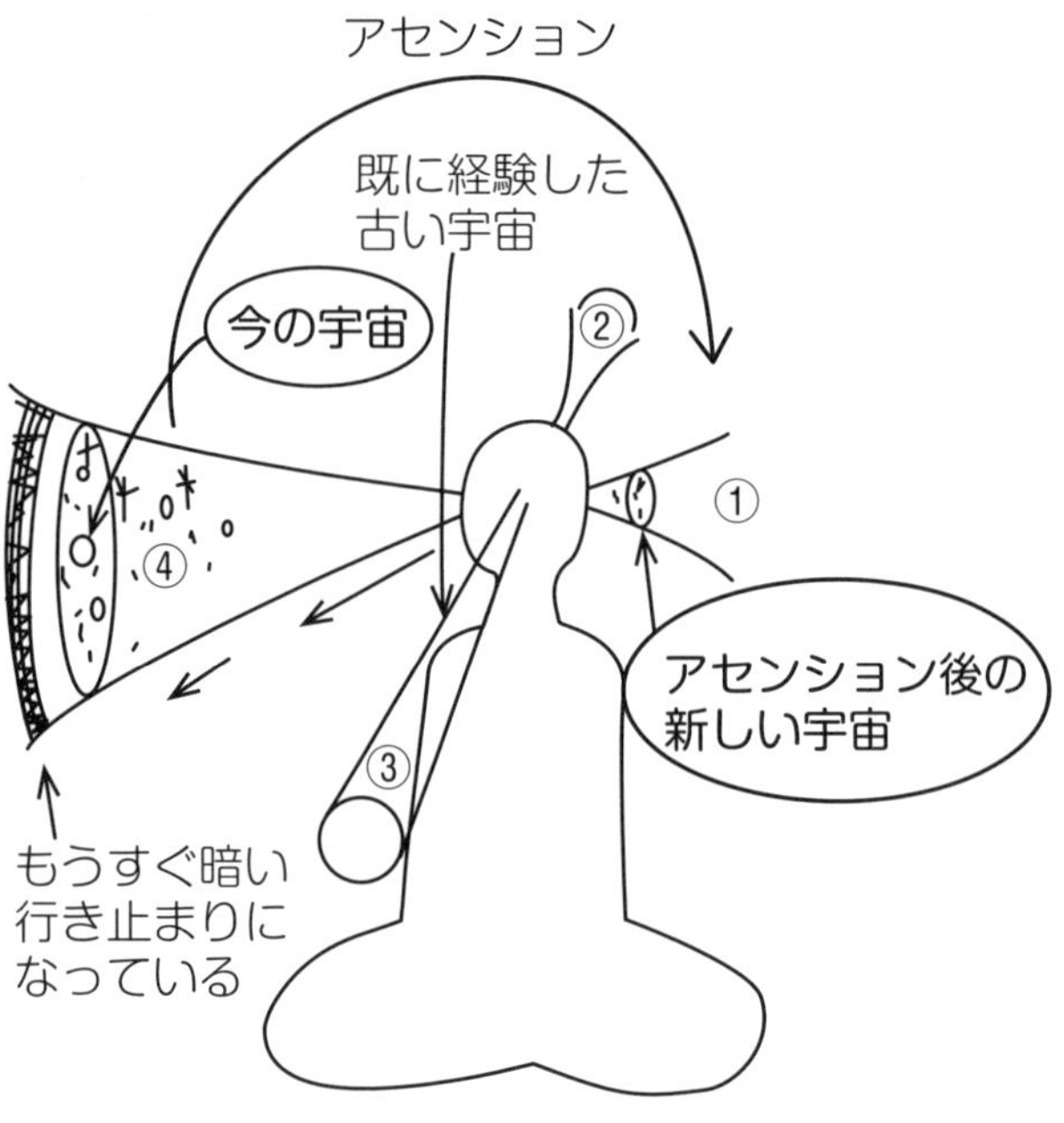

※①②③④の順にアセンションしてきました。
①は最も古く経験済みの宇宙であり、次に行くのは、別の「宇宙の房」の①です。

した。これは、終末世界のさまざまな大惨事を表しているのだと、なぜかすぐにわかりました。

宇宙の揺れがしばらく続いた後に、一瞬にして宇宙全体が真っ暗な闇の中に消えて、それと同時に、神様の左の側頭部（私から見て右側）から伸び出た別の宇宙が出現しました。もっと率直に言うと、現在の宇宙が反対側の宇宙へ素早く移動したように視えたのです。なんだか手品でも見せられたようで、とても不思議な気持ちがしました。

以上が、私に視せられたアセンション自体の外形的な描写です。いたってシンプルなビジョンです。いろいろな質問を神様にして、詳しく伺ったところを以下にお話しします。

②宇宙の光の速度が上昇する？

瞑想中に聞こえたところでは、将来光のスピードが上昇して、今の宇宙はそれ以後経験できなくなり、別の宇宙での経験が始まるというのです。

光速不変の法則として知られているように、真空状態ではこの宇宙での光の速度は一定であるという前提があるわけですが、そうした大前提が変わるというのでしょうか。顕在意識では理解できませんが、聞こえてきたところでは、私たちはこの宇宙だけで存在しているのではなく、波動の違ういろいろな宇宙にも同時に存在しているというのです。しかし、私たちが経験することができるのは常にある一定の波動の宇宙だけで、ちょうど大気中にさまざまな周波数の放送電波が行き交っており、ラジオが特定の周波数の電波を発信すると、その周波数の放送電波だけ受信できるのと同じだそうです。

ところで物理学の世界では、光は波であるという説と、粒子であるという説が昔から対立してきた経緯があって、現在は「光子」というものが考えられており、光には粒子としての性質と、波としての性質の二面性があるとされているそうです（別冊ニュートンムック「光とは何か？」ニュートンプレス刊。121頁参照）。

そこで、サイキックの私が光というものを感じ取ってみますと、これがすごく面白いのです。たしかに光は、粒子と波という二つの姿で捉えることができます。波として捉えようと意識すると、たくさんの粒子が集合してできている光の波が感じられ、黒っぽく暗い光線は波長が短く、白っぽくて明るい光線は波長が長く感じられます。

一方、光を粒子としてサイキック感覚で捉えようと意識すると、スピンしている小さな球体が感じられます。さらに面白いのは、サイキック感覚で捉えた光の球体のスピン角度とスピン方向が、色によってさまざまに異なっていることです。例えば、白い色を粒子で捉えようと意識すると、地球の自転と同じ方向に真横にスピンしている粒子が感じられます。また、赤い色を捉えると、縦に上から下へスピンする粒子が感じられます。同じ縦回転でも、逆に下から上へスピンすると青になります。金色は実に不思議で、スピンが二つ重なったたすき掛け、またはバッテン（×）のように感じられます。私が捉えている光の粒子は物理学が言う「光子」なのでしょうか。

さて、どうして光の粒子のお話をしたかと言いますと、光のスピードの話をするためです。今、さまざまな色を識別する要素として、光の粒子の①スピンの角度と、②スピンの方向の二つに触れました。しかし、もう一つの要素があります。それが③光の粒子の大きさとスピン速度なのです。今の宇宙では、どんな色の光でもサイキック感覚で感じ取った光の粒子は同じ大きさの球体であり、しかもスピン速度は同じくらいです。これが、光の速度が一定であるという物理法則と符合しているのではないかと私は想像しています。

ところが、アセンション後の宇宙に意識でアクセスして、そこで感じ取る光子の大きさは、どの色であっても今の宇宙の何倍も大きくて、スピン速度も非常に速いのです。いや、ほとんど静止しているかのようで回転しているとは分からないくらいに速いのです。これが、もしかすると光のスピードの速い宇宙ということを意味しているのではないかと、さらに想像をたくましくしているところです。

逆に、一つ前の宇宙（この後すぐお話ししますが、インド哲学で言えば「ドワパラ・ユガ」でしょうか）では、光の粒子が今の宇宙よりも小さく、スピンも遅いのです。もっと古い宇宙ではさらに光の粒子が小さく、スピンもいっそう遅く感じます。それらは光のスピードが遅い宇宙だったのではないでしょうか。

物理学の世界では、１９９０年代から宇宙の次元に関する「ブレーンワールド仮説」という考え方が発展してきたそうですが、これは、私たちの住む三次元空間を一つのブレーン（膜のようなもの）と考え、このブレーンの外には私たちの行き来できない第五の次元（時間を四番目の次元と考えた場合）が広がっているという考えです。さらに、高次元宇宙には私たちの住むブレーンとは別のブレーン宇宙（パラレルワールド、並行宇宙）がいくつも存在すると考えられるそうです（別冊ニュートン「次元とは何か？」94頁以下参照）。

ああ、なんと魅力的な説でしょうか。それでは、そのブレーンというものを多数存在せしめている可変的要素が光のスピードの違いなのだとしたら――。

と、ここであらかじめ申し上げておきますが、今お話ししたことは物理学音痴の私が単に想像したことですので、専門家や科学者、物理学者の面々にはあしからずご了承いただきたいと思います。ただし、サイキック感覚で捉えた光子的な粒子の大きさやスピンの速度が、宇宙ごとに異なって感じられることは事実です。かつて預言者ムハマドがアッラーに聞いた内容が、預言者の死後、コーランとして編纂《へんさん》されましたが、その中に現代科学が解明した知識が既に書いてあったとして驚かれています。例えば、アッラーが語られた人間の創造の描写が、子宮内の胎児の発育過程と一致することなど……。もしチャネリングが正確であれば、後に科学が追いついた時に驚く場合もある、と期待しておくにとどめましょう。

③今度のアセンションでは別の「宇宙の房」へ移行する

私の霊視では、私たちが今いる物質の宇宙は、物質世界ではない〝根源世界〟（もしかすると反物質の世界でしょうか）の中心にいる神様を中心として、その頭から伸びている四つの物質の宇宙がひとまとまりになっている「宇宙の房」の中の一つです。

一つ目の宇宙での経験が終わると、波動の違う二つ目の宇宙へ移行し、そこでの経験も終わると三つ目、四つ目と進みます。その四つ目の宇宙が、今私たちのいる宇宙なのです。

インド哲学でも、四つの「ユガ」という時代が循環しているという概念がありますが、私の霊視とも一致していて興味深いところです。インターネット百科事典ウィキペディアで「ユガ」を調べますと、ヒンズー教では、現在が「カリ・ユガ」という悪徳の時代にあると考えられており、その他「クリタ・ユガ」「トレーター・ユガ」「ドワパラ・ユガ」があるそうです。カリ・ユガの時代は、道徳が廃れて悪いことが起こると言われています。今の時代がまさにそうではないでしょうか。

私の霊視では、四つでひとまとまりの「宇宙の房」も実は非常にたくさんあって、宇宙の房が集まって、それらが全体として一人の超超巨大な神様のお体の形を成しています。そのお姿も、やはり結跏趺坐で仏像のように静座しておられるのです。私たちは現在その超超巨大な神様の左の肩に位置している「宇宙の房A」の中の宇宙の一つ（四番目の宇宙）にいます。

そしてもうすぐ「宇宙の房B」の中の一つ目の宇宙へ移行しようとしているのですが、波動の高い「宇宙の房B」は、超超巨大な神様の右肩に近い右腕の上部の「三角筋」あたりに位置しています。これを指摘したのは本書が初めてかもしれません。ヒマラヤの聖者やそういう方々の中にはご存じの方もいるかもしれませんが、そうした情報は文献やネットには出てきませんのでわかりません。霊視のできる方は調べてみてください。

したがって、今回のアセンションは一つの宇宙の房の中で移行するだけでなく、別の「宇宙の房」へ移行しようとしているという意味で、まさに大転換期を迎えつつあるのです。

④私たちのポジティブな愛の意識がアセンションを起こす

ここで一つ大事なことは、ただ漫然と今までと同じように暮らしていれば、ある時自動的にアセンションがやって来て、良い世界へ楽々行けるというものでは全くないという点です。地上の私たちの神様への信仰と愛が、そして愛と助け合いに満ちた良い世界を自分が築くのだ、という私たちの熱い思いが神様に十分に届いた時に、そのポジティブな私たちの光のパワーを集めて、神様はアセンションを敢行なさることができるのです。

今この文を書いたとたん、神様から私の魂にエネルギーと言葉が降りてきて、「そのとおりです。そのことを強調してください」と言われました。

逆に言うと、アセンションがもし今回できなかった場合、今の自己中心的な自我意識のはびこる物質世界が今後もずっと続いていき、困難なシナリオの中でいつか完全な行き止まりがこの物質世界にやって来ることになるでしょう。その時点では、物質世界は強欲な意識に汚染されて、もはや人々の魂の光は完全に消えてアセンションもできず、重い宇宙の中で核戦争や環境汚染により、人類は自滅してしまうかもしれません。

どちらの途を選ぶのか、人類は今本当に重大な岐路に立たされています。このままの物質世界という沈みゆく船にひたすらしがみついているのか、それとも自己の本質である神(＝愛)への回帰を決意して、宇宙の進化・発展の途へと勇躍合流するのか……。

ちなみに、アメリカインディアンのホピ族にも、人類が今そういう重大な岐路に立っているという予言や警告が伝わっているそうです。

なお、これらは私という器を通じて独自に示されたものですから、既存のアセンションという概念とは一致していないかもしれません。私が視た宇宙のお引っ越しは、むしろ「時空間シフト」（私の造語ですが）と呼んだ方がわかりやすいと思いますし、個人的にはそう呼んできました。「時空間シフト」とは、時間であり空間でもあるこの宇宙が波動の高い別の宇宙へ位置を変える、という意味です。

しかし、宇宙に大きな変化がやって来るという広い意味では、私が視た宇宙のお引っ越しもアセンションと呼んでいいでしょう。その方が広く浸透しているため、本書の宇宙のお引っ越しもアセンションと呼びたいと思います。

⑤サイババ様がインドの夜空に見せたビジョン

２００７年10月４日、神の化身サティア・サイババ様が、彼のアシュラム（寺院）で信者の皆さんに対し、側近を通じてこうアナウンスしました。

「今夜●時から飛行場で、夜空に神の宇宙の姿が見えるかもしれません」

アシュラムのあるプッタパルティの町は騒然となり、人々は我も我もと空港に駆けつけました。ニュースは瞬く間にインド中に広まり、一万人がその場所に詰めかけ、テレビ中継車や警察も来てパニックになったそうです。しかし、人々が空を見上げていた一時間のあいだ、遂に誰にも何も見えませんでした。人々にはいろいろな憶測が流れ、さまざまな解釈がなされて飛び交いました。

そこで私は、10月4日のインドの夜空に何が起こっていたのかを霊視しました。

そうしたら、なんと、私が先ほどお話しした２００７年8月28日に神様にお視せいただいたものと全く同じアセンションのビジョンがインドの空に映し出されていたのです。私はショックで頭の中が真っ白になりました。もちろん、霊視力のある人にしか視えなかったはずですが。

サイババ様は、手から品物やビブーティ（神聖灰という白い粉）を出したりする不思議なインドの聖者ということで、１９８０年代に日本でも大ブームになりました。サイババ様を疑う人もいましたが、オーラを視る力が本当にある人なら疑わないことでしょう。私が霊視すると、サイババ様には人間のような魂がなく、普通の人にはあるはずのいくつかのチャクラもないのです。そのように特殊な人は、あの方以外におそらく一人も地上にいません。それは、サイババ様が人間のように自我意識によって個別化して生まれてきた存在ではなかったからです。サイババ様は、宇宙の創造主の化身なのです。どう見ても普通の人間にしか見えないと言われるかもしれませんが、人間でさえ肉体を持っているわけですから、神様が肉体を持って生まれることができないはずがありません。自我意識が強くて魂が磨けていないと、識別力が曇って、本物の神様の化身さえ見誤ってしまいます。

第2節　アセンション後の世界

①千葉県の不思議な御神石

それは、今から十年前の２００２年の夏のことでした。私と妻は、アセンション後の世界のビジョンを不思議な石を通して視せられたのです。アセンション後の世界についてお話しする前に、その石を初めて訪れた時の不思議な体験について少しお話ししましょう。

２００２年、私は妻と共に千葉県の某市に旅行し、某神社の向かいの海岸に祀られている御神石を見に行きました。その石はカイコのような立体楕円の形をしていました。実はこの石には次のような不思議な言い伝えがあるのです。

その昔、竜宮から一対の石が今の千葉県の某所に奉納され、その一つが天太玉命《あめのふとだまのみこと》の御霊代として今の神奈川県の某所に飛んでいって、当時蔓延していた疫病が鎮まったというものです。

私のサイキック感覚では、千葉県の御神石は、拡散するビリビリとした粗い陰の男性的なエネルギーを発しており、神奈川県の御神石は、集束する陽の温かい女性的なエネルギーを発しています。それら陰と陽のエネルギーが合わさって、今も中庸のヒーリング・エネルギーをつくり出しており、関東平野を覆って守っているのです。

その後、２０１０年４月に宮崎県の牛から口蹄疫が流行したおり、私は千葉県の男石と神奈川県の女石をそれぞれ参拝し、疫病退散をお祈りしました。すると、千葉県の男石から陰のエネルギーが、神奈川県の女石から陽のエネルギーがそれぞれ宮崎県に向けて放射され、それらが混合して出来た中庸のヒーリング・エネルギーが、宮崎県を中心とした九州全域、中国地方、関西地方などに広がって覆っていった様子がビジョンで視えたのです。

２０１０年の口蹄疫は、発生から四カ月後の８月27日に速やかに終息宣言が出されました。終息するまでには、おびただしい数の家畜の殺処分という悲しい事態がありました。もちろん、畜産農家の方々の涙と行政の素早い対応あってのことでしたが、早く終息宣言を迎えられた陰には、あの二つの御神石の働きを通じて、神様の恩寵がもたらされたことが大きかったと思います。

さて、２００2年に千葉県の御神石を見にいった旅行の話に戻りますが、その時、不思議なことがいろいろと起こったのです。

その日は激しい雨が降っていたのですが、私と妻が屋外に出た時だけサッと雨がやんで、屋内に入るとまたとたんに降り出したのです。それが何度も何度もあって、不思議でおかしくて思わず笑ってしまったのですが、その時の夕焼けの美しさは奇跡のように幻想的で、まるで美しい西洋絵画を見ているかのようでした。ちょっと大げさかもしれませんが、あれはまさしく神様からの吉兆を知らせるメッセージだったと思います。これまで何千年も待たれていた宇宙的な素晴らしいことが、今後私たち夫婦の周りから起こっていく……。そんな予感を告げる宇宙のメッセージでした。

また、その旅行の途中で安房神社に立ち寄って参拝した時、妻が手を合わせたとたんに、彼女の身体の中を神風がゴーッと吹き上げたそうです。それは普通の風ではなく、身体の内部を突き抜けて吹き上げるエネルギーの風だったとのこと。後で分かったことですが、霊界における妻の上位存在は、頭上にヒーリング・パワーの光の玉をいただくある姫神様で、妻と強いご縁のある安房神社を参拝した際に、その姫神様のパワーが降りてきたのでした……。

②三日間視え続けた不思議なビジョン

さて、前置きが長くなりましたが、2002年のその旅行で御神石を見てきた日の夜、部屋で目を閉じると、私も妻も目の裏に不思議なビジョンが視えたのです。南米のアマゾンが何倍も大きくダイナミックになったジャングルのような風景や、巨大な建造物のようなものが視えました。それは例えば、遊園地の巨大なジェットコースターのレールのように激しいアップダウンのあるハイウエーのような人工物などでした。それらの動画が、パシャ！　パシャ！　パシャ！　と、目にも止まらぬ速さでシーンを変えながら、超速回しの映像のように視え続けたのです。シーンの動きが速すぎて、細かいところまではわかりませんでしたが、それらのシーンは大半が大自然の景色であったことは確かで、それらの全てが巨大であり、今の地球より格段に速い光に満ちた世界という印象なのでした。おそらくアセンションで実際にその世界へ行ったなら、速回しではなく普通に見ることができるのでしょう。

また、私には視えませんでしたが、その時妻には今の地球の富士山のビジョンが最後に視えたそうです。これは重要なことです。今後、この宇宙がアセンションを迎えるに際しては、富士山の活動が果たす影響が大きいらしいのです。これについては後に改めてお話しします。

そのビジョンは、御神石を見た日と翌日の夕方まで私たち二人にハッキリ視え続け、次第に薄くなっていき、遂には視えなくなりましたが、三日間に渡って目を閉じる度に視え続けました。この経験はあまりにも不思議なものでしたので、自分の頭がどうかなってしまったのかと思った程でした。

当初、それらの風景は私が過去生で生きていたムー大陸あたりの場面だと思っていたのですが、その後私の霊的知識の向上や意識の浄化を経て、最近あらためて霊視したところ、アセンション後の新しい地球の風景だとハッキリ分かったのです。あの時、神様が御神石にビジョンを含むエネルギーを入れてくださり、それを御神石から受けて視ていたのです。あれから十年経った今でも、あの御神石は神様が私に知らせたいことを増幅して視せてくれています。

③天国のようなミロクの世

ｉ　今の地球よりとても大きい新しい地球

さて、千葉県の御神石にビジョンを視せられてから五年経った２００７年の9月、私はチャネリングによってアセンション後の地球や社会について神様からさまざまなことを教わりました。

新しい地球は今の地球の何倍もある大きな美しい星であり、手つかずの大自然があって、今の地球では見たこともないような山や川がたくさん存在しているそうです。新しい地球では人口密度が低くて、今の地球のような人口問題など無縁だそうです。戦争も争い事も深刻なものはほとんどなく、病気もあったとしてもとても軽いものだそうです。そもそも物質も、この世界のように重い物質ではなく、オーラのように軽い素材で出来ているそうです。

ii　食べなくても生きていられる

新しい地球は食べ物を摂らないで生きていられる世界であり、寿命も何百歳と非常に長生きだそうです。食べ物を摂らないというと、おいしい物が好きなグルメファンは大変にガッカリなさりそうですが、食べ物はありますし、とてもおいしい物もたくさんあるそうです。ただ、食べ物が生命の維持のために不可欠なものではないという意味で、趣味的に食べたり、儀式的に食べたりすることはあるそうです。

iii　お金や会社が存在しない

また驚くべきことに、新しい地球にはお金というものが存在しないそうです。お金がないということは、当然銀行も存在しないということです。それどころか、会社というものも存在しないようです。「よかった！　もう会社に行かなくていいんだ」という声が、あちこちから聞こえてきそうですね。

ところで、絶対に勘違いしてはいけないのですが、確かにアセンション後の世界では今働いている会社には行かなくてよいかもしれませんが、この物質の世界にいる間は、最後までこの世のルールに従って誠実に働かなければなりません。アセンションが来るだろうと当て込んで、今の自分の仕事を無責任に投げ出してしまったり、ローンの返済を途中でやめてしまったり、今の私たちが自分勝手な生き方をしてしまうなら、アセンションはやって来ないでしょう。この物質世界での調和的な思考や生き方こそがアセンションをもたらし、その後の世界の良いシナリオをつくってくれるからです。

iv　愛が治める豊かな社会

ところで、新しい地球にはお金が存在しないということは、皆が貧乏なのでしょうか。それは全く逆で、皆がとても豊かなのです。そもそも食べ物がなくても生きていられる世界ですから、食べるために生きる必要はありません。今の地球とは社会の原理が全く違うのです。今の地球では、国によって建前はいろいろあっても、結局は物質と交換するお金というものが政治・経済・社会の全てを支配するエゴの社会です。お金を獲得する能力の高い人がどこまでも優遇され、進学も就職も、場合によっては結婚さえもお金や安定性という目標に向けられています。

これに対して新しい地球では、社会の存立基盤が愛であり、神様から放射される高い波動の美しい光のエネルギーなのです。人々の仕事はお金を得るためにではなく、他者への奉仕が自分の幸福であり、使命であるために提供されるのです。

v　テレポーテーションができる

こうなってくると、もう新しい地球は今のような物質の世界とは全然違う、ほとんど霊界と言ってもよいような所なのだと察しがつきます。その証拠に、新しい地球では瞬間移動ができるのだそうです。ドラえもんの「どこでもドア」を持っていなくても、誰でも意図する場所に意志の力で移動することができるわけです。

だとすると、あちらの地球では車や電車はもう全く存在しないのでしょうか。タクシーの運転手さんや電車の車掌さんなど、交通関係の仕事は存在しないのでしょうか。鉄道ファンや車好きの人はガッカリでしょう。でも、ご安心ください。車や電車が存在しないわけではなく、素晴らしい車や鉄道はあって、楽しみのために利用するということがあるそうです。ただ、基本的には必要ないそうです。

vi　想念で物質化ができる

新しい地球では、誰でも物をイメージすることによって物質化することができるそうです。この地球でも思考や感情はオーラの中には現れますから、アセンション後の地球も、オーラ的な材質で出来ている世界なのでしょう。立て替え・立て直し後のミロクの世が半霊半物質の世界であるという説もありますが、それと符合します。

ある種の夢は、睡眠中に魂とアストラル体が肉体を抜け出していろんな時空へ行って見聞きしたことを覚えているものですが、私の周辺には睡眠中にアセンション後の地球へ行って探検してきた人が多く、「先日アセンションの夢を見ました」と教えてくださるので、その方の睡眠中の様子を霊視すると、やはりアセンション後の世界へオーラの体が訪問していました。

そういう方は異口同音に、「とても大きくて、自然の美しい所でした、人口がまばらで少なかったです」と言うのです。アセンションできる人が少ないのか、あるいは地球が巨大だから人口が密集しないということなのか。ちょっと寂しい気がしますが、どうなのでしょう。

クライアントのある女性は、「最近アセンション後の世界で日用品を物質化した夢を見ました。しかし、私は物質化が上手にできなくて、パッケージはちゃんと物質化できたのに、包装を開けたら中身が入っていなかったんです」と、ご報告くださいました。思わず爆笑してしまいましたが、物質化も技術や経験を要するようです。

ちなみに、新しい地球では住居もその人の精神性の高さに比例したものだそうです。今の地球は物質の見せかけの世界ですから、不正な手段で貪欲に稼いだお金で立派な家に住んでいる人がたくさんいます。しかし、アセンション後の地球は真実の世界であり〝正直者がバカを見る〟ということがあり得ないそうです。今そう聞いて、ドキッとした人とホッとした人がいるかもしれませんね。

vii　新しい地球に存在しない仕事

今の地球にあるいろんな仕事が、新しい地球には存在しないでしょう。銀行や証券会社や投資顧問会社は存在しないでしょう。神様との関係が悪い人は新しい地球に移行できませんので、あちらには暴力団もブラック企業もありません。また、生き物を殺す食品関係の仕事は存在しないでしょう。負のカルマになることがわかっていますし、食べなくても生きていられるからです。

viii　パソコンやＩＴ機器は存在しない

神様からのテレパシーが教えてくださるところでは、新しい地球では、魂にとって大変有害な電磁波を出すパソコンやケータイのようなＩＴ機械を使ってはいけないルールになっており、存在しないそうです。だとすると、システムエンジニアのような仕事も向こうにはないのでしょうか。

実は、電気で動く今の地球のパソコンとは原理の違う機械が存在しており、魂の中にある理想を遂行するために、そうした機械を使うことはやはりあるそうです。したがって、そうした原理の異なる機械を開発する人も新しい地球に存在するはずです。しかし、欲望やエゴを増長するゲームやエンタメのようなものは存在しないそうです。

それでは、新しい地球で人々は何をして生きるかというと、魂の使命に沿った創造的な仕事や芸術的なアクティビティーや奉仕的な活動をしながら、皆が社会や他人のために個性を生かして豊かに生きられるそうです。お金を稼ぐために、やりたくない仕事を我慢してやるという必要はありません。

ix　霊界の人々と生きて再会できる

アセンション後の新しい地球では、今の地球で昔に亡くなって既に霊界に行っていた人たちともまた地上で再び生きて会えるそうです。素晴らしいことだと思いませんか？　私は昔亡くなった父や母にまた会いたいです。聖書にも、キリストの再臨や最後の審判の時、信仰のために死んでいった人々が復活すると書いてありますが、アセンションを通じてそういうことが起こるのかもしれません。

ただし、地球で現に生きている人も、既に霊界に行っている人も、もし不調和な意識が強く、魂が暗い場合は、新しい宇宙へ移行することができないかもしれません。移行できるかどうかは、地上の人も霊界の人も条件が同じらしいのです。

ところで、今の地球でAさんとして生きている人が、過去生ではBさんという人物だったとします。Bさんは既に死んで霊界に行っているわけですが、将来アセンションでAさんもBさんも移行したとすれば、新しい地球でAさんが自分の過去生Bさんとご対面するということが起こってしまうのでしょうか。私はそれについて知りたくて、チャネリングで神様に伺ったところ、それは起こり得るそうです。ただし、Ａさんが自分の過去生Ｂさんと対面したとしても、Ｂさんを過去生の自分だと気がつかないそうです。

死者が地上に復活できると聞いて、もう一つ気になったことがあります。それは、これまで地球の長い長い歴史の中で非常にたくさんの人々が地上に生まれては死んでいったわけですから、アセンション後の新しい地球上には古い時代の人々で人口が過密になってしまうのではないかという問題です。例えば、古代ローマ時代の人々や日本の江戸時代の人々が同時に地上に存在するというわけですから。しかし、それでも満杯にならないほど新しい地球は十分に大きいそうです。また、基本的にある時代のある地域の人々は、国のようにまとまって存在するのだそうです。

x　皆が神様を信じている

新しい地球では、皆が同じ一つの宇宙の創造主である神様を信じ、愛し、その光を受けながら信心深く生きるそうです。アセンション後の世界にも、今の地球で言う国や行政単位のような共同社会があるそうですが、今の地球では同じ地域に住んでいるという事実が共同体をつなぐ唯一の理由ですから、水と油ほど考え方が違う人々もお互いに近くで暮らしているのに対し、新しい地球での社会は、同じような考え方や精神性を持った人々が助け合い、有機的に協調しながら生きることになるそうです。大きな中央集権国家のようなものはなく、精神的な共通項を持つ人同士の小さな共同社会が数多く存在し、それらが同じ一つの神様からいただく光を受けながら個性豊かに生きるそうです。かつてスウェーデンボルグが語った霊界の様子にも似ていますね。

第３節　アセンション前の大峠

今お話ししたアセンション後の素晴らしい世界へ、皆で早く行きたいと思いませんか？しかし、その前に私たちにはどうやら試練があるようなのです。本章の冒頭でお話ししましたが、アセンションが起きる前には地球全体がガタガタと苦しそうに揺れる様子がビジョンで視えます。それは、人類にとって大変につらい時期が来ることを暗示しています。

ところで、私はリーディングで将来の可能性を視る機会がよくありますが、逆に神様の方から私に知らせてくださる場合もあります。朝、目覚める直前に予知夢を見たり、先祖霊が降りてきて将来のことなどを知らせてくださるのです。きっと私以外の方も、インスピレーションが強い方なら、予知夢や霊のメッセージということは時々体験なさっていることでしょう。

しかし私の場合、それ以外にもユニークな感受方法があります。私の家や生活圏に珍しい動物や生き物が現れて、私がサイキックモードでその生き物のオーラを視ると、彼らのオーラの中に動画のビジョンが視えるのです。そんなふうにしてメッセージを携えてやってきた生き物たちは、見ればすぐ分かります。生き物のオーラに天上から光が射しているからです。

つい最近の２０１２年の4月中旬のこと、ある日急に私のマンションのベランダにカラスが何羽も来て、ゴミを散らかすようになり、困っていました。これまで一年住んできてそんなことはありませんでしたので、何か悪い知らせでもあるのかと思い、カラスたちを霊視すると、あるビジョンが視えたのです。日本の南の島を巡る争いが酷くなるというビジョンでした。するとその翌日から、尖閣諸島を巡る緊張が毎日のようにニュースで報じられるようになっていったのです。７月12日の新聞にも、尖閣諸島付近の海域で中国が漁業を解禁し、日本との緊張がますます高まってきた、と。こんなことってあるのかと自分でも驚きましたが、生き物の言葉を理解したり、星を見て未来を占ったという陰陽師の安倍晴明にでもなったような気分でした。

①アザラシさんたちの知らせたかったこと

i　タマちゃんが知らせたかったメッセージ

皆さんは、2002年8月に東京・多摩川の丸子橋付近に出現したアゴヒゲアザラシの〝タマちゃん〟を覚えていますか？　ニュースで全国的に有名になりました。当時私は、丸子橋からほど近い東京の大田区田園調布南に住んでいましたので、自分の生活圏での出来事としてよく覚えています。

その後、タマちゃんは神奈川県の鶴見川などでも目撃され、2004年の目撃を最後に姿を消していました。そして、2010年10月に東京の荒川にアザラシが出現し、タマちゃんが帰ってきたのか？　と話題になりましたが、同じアザラシかどうか真相はわかりません。

今、時間をさかのぼって丸子橋付近の多摩川に出没していた2002年頃のタマちゃんのオーラを霊視して驚きました。何と、東北地方が地震と津波で破壊され、福島第一原発が壊れて放射能が出る様子が視えたのです。あの頃タマちゃんは東日本大震災を私に告げるために丸子橋にやってきたのかもしれません。当時はタマちゃんのメッセージのビジョンには全く気が付きませんでした。

ii　湘南海岸のシロアザラシさんのメッセージ

さて、今この原稿を書いている2012年7月現在、私は神奈川県藤沢市に引っ越して住んでいますが、先月の6月19日に神奈川県藤沢市辻堂の海岸で、衰弱した二〜三歳のかわいいシロアザラシの子どもが打ち上げられ、近くの水族館に保護されたというニュースが報じられました。このシロアザラシさんは、打ち上げられる数日前から湘南海岸で目撃されていたもので、ベーリング海などに生息するクラカケアザラシの可能性が高く、本州での目撃は初めてではないかとのことでした。

湘南海岸と言えば、現在の私の家から本当にすぐです。こんなふうにして、またもや私の生活圏でアザラシが見つかったので、きっと神様のメッセージを持っているだろうと思い、シロアザラシさんのオーラを霊視すると、桜島の活動が活発になっていった後、日本の太平洋側が広範囲に大きな地震に襲われ、三つの原発が壊れたり、富士山が噴火したりするビジョンが視えたのです。このメッセージは、次にお話しするカメムシさんの連続ビジョンのⅲの部分と同じです。そこだけを切り取って視せてくれたようです。

このシロアザラシさんは、奇しくも私がメッセージのビジョンを確認した翌日の6月21日、抗生物質の投与などの手当も虚しく肺炎で亡くなってしまいました。まるでお役目が終わったから神様の元へ帰っていったかのようで、悲しみと感動が入り交じり、複雑な思いでした。

②カメムシさんが伝えた「大峠」

今これを書いている２０１２年７月４日から、ちょうど二カ月前の５月17日、私の住んでいるマンションのベランダに初めて見る昆虫がとまっており、天から光が射していました。珍しいので携帯のカメラで写して昆虫に詳しい知人に伺ったところ、カメムシの一種ということでした。音的に「神・虫」に似ており、神様のお遣いにふさわしいかもしれません。

そのカメムシさんを視ていた時、次のような連続した動画のビジョンが視えたのです。以下は、最悪の場合こうなる可能性があるという神様の警告で、私たちのあり方次第では変えられますから悲観的になってはいけませんが、視えたとおりにお伝えします。

i　光の龍神がヨーロッパに降りてきて、国々を浄化していき、日本も含めて世界の国々もその影響を受けるビジョンが視えました。行き詰まる資本主義を示しているようでした。

ii　朝鮮半島が視えました。龍神が半島全体を浄化しています。半島から逃げてきた人々が日本にも上陸するようなビジョンも視えました。

iii　日本列島が視えました。この部分だけは湘南海岸の白アザラシさんのメッセージと同じビジョンです。まず桜島が活発になり、その後日本全体が地震で大きく揺れ、太平洋側の広い範囲が津波や揺れで甚大な被害を受けるビジョンが視えました。三つの原発から放射能が漏れ出るようでした。その後には富士山が大噴火するビジョンも視えました。噴火による灰が地球を覆い、世界の気象も影響を受けるようです。

ⅳ　北から外国が日本を攻めてくるビジョンが視えました。南からも、日本の南の島へ別の国が侵入してくるようです。

ⅴ　宇宙から巨大な天体が地球へ飛んできて衝突し、地軸が傾くビジョンが視えました。

ⅵ　無数のＵＦＯが地球に飛来してくるビジョンが視えました。一体何しに来たのでしょう。地球を助けに来てくれるのでしょうか。

ⅶ　その時、まるで小さな惑星ぐらいの大きさもあろうかという巨大な楕円形のＵＦＯが世界に何機も飛来し、人々のエネルギー体とその魂がその中へ上昇して吸い込まれていくビジョンが視えました。人々がその巨大ＵＦＯの中にすっかり収容された後、巨大ＵＦＯの中で人間たちの小グループがたくさん形成されるようです。

ⅷ　遠くの星が大爆発を起こしました。アセンションが起こり、人々の乗った巨大ＵＦＯが新宇宙へ運行していくように視えました。

ⅸ　新しい地球に着いた巨大なＵＦＯから人々がグループごとに下降し、次々に上陸していくビジョンが視えました。新しい地球では宇宙の創造主の化身が強い光を放っており、世界中の人々がそのお方の発する光を受けながら、長い長い平和な至福の黄金時代を迎えるようです。

いかがでしょう。後半はまるでＳＦ映画で、あまりにもすごくて現実感が湧かないのが救いです。スピルバーグ監督もさすがにここまでのものはおつくりになれないのではと、私も驚いてしまいました。しかし、これは私が顕在意識で想像を膨らませて思い描いたものではありません。カメムシさんの警告ですから、本当に物質世界の現実として起きるかどうかわかりませんが、霊界に存在する一つのシナリオなのでしょう。私たちの心がエゴに満ちていれば、こういうことが起きかねませんよというメッセージとして厳粛に受け止めています。

第４節　カメムシさんのメッセージによせて

先ほどのカメムシさんのメッセージを視て感じたことを、ここからお話ししたいと思います。

①貨幣経済に潜む悪

5月17日に今のようなカメムシさんのメッセージがあり、6月に入るとギリシャで火がついたユーロ圏の金融不安が顕著になりました。その原因は、ユーロという単一通貨が欧州に出来たことで、ギリシャに独仏など大国の投資が拡大し、経済バブルが生じてはじけたのです。ギリシャはEUから多額のお金を借り、緊縮財政生活を送ることを余儀なくされました。もし6月17日のギリシャ再選挙で緊縮財政を拒絶する急進左派政党が勝てば、ギリシャがユーロを離脱してユーロが崩壊しかねないとして、その頃世界の緊張はピークに達しました。結局、ギリシャの急進左派政党は僅差で敗れ、ユーロのサドンデスはありませんでしたが、欧州危機の出口はまだ見えません。欧州で何か起きれば世界は密接につながっていますから、日本も影響を受けるでしょう。2012年の年始に、将来日本でも取り付け騒ぎが起きるビジョンが視えましたが、既にヨーロッパではそれに近いことが現実になり、日々預金が流出していると言います。

貨幣は便利ですし、それ自体が悪というわけではありませんが、長い歴史を見れば、人間の欲望を際限なく助長してきてしまいました。神様の目から見て、人間の経済至上主義はあまりにも行き過ぎた事態になっているようです。龍神が欧州を浄化するというこのビジョンからは、貪欲さを浄化しなさいという神様の強い警告が感じられました。

奇しくも最近とても感動した本に、「プレアデス星訪問記」（上平剛史著　たま出版）という作品があります。著者の上平さんが昔プレアデス星人に案内され、宇宙船に乗って見聞したことを書いた衝撃のノンフィクションです。プレアデス星人はとても進化した精神性の高い人々で、次のように語ったそうです。

「地球人類の諸悪の根源とは、貨幣制度を社会の基礎に導入していることにあるのですが、まだ誰ひとり気がついていません。地球人類がもっともありがたがっている貨幣にこそ、人類を滅亡させる原因が隠されているのです。貨幣経済は人間に限りない欲望を募らせ、競争、格差、差別社会を生み出しています。物質欲のエゴをむき出しにして争い、地球の資源を枯渇させ、公害となる汚染物質をたれ流し、溜めこんでは環境破壊を繰り返しています」（同書25頁）

耳の痛い話ではありませんか。東日本大震災による福島第一原発の放射能漏れ事故も、天災というより人災であったと総括されたのは周知のとおりです。

②大地震

iiiの大地震についてのビジョンは、先の「①アザラシさんたちのメッセージ」の中に出てくるのと同じビジョンです。2012年の元旦には本州の広い範囲で大きな地震がありました。年頭の地震は神様の警告だったと思います。

また、気になるのは、2011年にお亡くなりになったSF作家の小松左京さんの霊が、2012年4月頃、突如私の書斎にいらしたことです。小松左京さんの霊は、「もうすぐ私の小説『日本沈没』に近いことが起こりそうです」とおっしゃったのです。小松左京さんは、私の霊視では創造主の「第三の目」（未来を見とおすところ）から生まれた魂で、SF作品を書いている時、おそらく無意識に未来の霊界のシナリオを感得しながら書いていたはずです。もちろん、『日本沈没』の巻末には、「この作品は完全なるフィクションであって、いかなる実在の事件・人物もモデルにしていない」と断り書きがされていますが。

また、その少し後の2012年6月のヒーリングセッション中に、大本（教）の開祖・故出口直さんの霊がある女性の隣についていらして、やはり今後日本に大地震が来ることを警告していました。この女性はその頃、周囲の人からよく白檀の香りがすると言われたそうですが、しばらく前から警告のためについてくれていたのでしょう。白檀のいい香りは出口直さんの霊が来る時の目印なのです。私が以前、大本（教）の京都・亀岡本部を見学させていただいた時も、亀岡駅の付近で道に迷っていたところ、不意に白檀と薔薇の混ざったようないい匂いがして、ふと見ると出口直さんの霊が立っており、大本まで先導してくれたのでした。

地震や津波が来た時、同じ場所に居合わせても助かる人と助からない人がいます。それを分けるのは運命だと思います。自分を神様に委ねる気持ちを持つことで、少しでも神様のシナリオに近づくことができれば、大難が小難で済んでくれるでしょう。もし非常にたくさんの人々が神様との関係を良くすることができれば、キャンセルさえしていただけるかもしれません。仮に地震で命を落とすことがあっても、神様に委ねた人には魂の光がありますから、魂の光の強さに応じて明るい霊界に行けるでしょう。

また、神様との関係を良くしておくと、難を避けるために必要な行動が自然に取れるようになるでしょう。

東日本大震災直前の2月のことでした。リーディングのセッションを受けに東北からいらしたクライアントの女性が、「この春休みは、息子を仙台の予備校の春期講習会に通わせるといいでしょうか。それとも自宅で勉強させるといいでしょうか」とお尋ねになりました。その時、息子さんの魂の中には、自宅で家庭教師に習っているビジョンが視えましたのでそうお伝えし、息子さんもそのとおりにしました。その当時の状況に照らせば、仙台の予備校に通わせて当然だったようですが、私のアドバイスによって通常と違う選択をなさいました。そして、あの3月11日に東日本大震災が起こったのです。

後日、その女性は身震いしながら私におっしゃいました。「もしあの時、息子を仙台の予備校に通わせていたら、あの地震の日は確実に私は車で息子を乗せ、海辺の道を通って家族全員で仙台に送りにいっていたはずです。そうしたら、全員が津波で死んでいたでしょう」

現にその周辺で行方不明になられたままの方もいらっしゃるそうです。

私はそのとき、アドバイスを一つ間違えると人の命が失われることもあるのだと思い、愕然としました。そして同時に、魂の声を正確にお伝えできて本当によかったと胸をなで下ろしたものです。

それはともかく、今のように地震の活動期に入った時代にあっては、どんなに大変なことがあっても、神様の与えてくださった全てが自分にとって最善であると感謝して受け入れる神様への信頼が大切だと思います。

③「北から攻めて来る」――ひふみ神示との符合

ここに「ひふみ神示」（岡本天明著　太陽出版刊）という本があります。大本（教）出身の岡本天明さん（1897年〜1963年）に国常立大神《くにとこたちのおおかみ》と称する高級神霊がかかり、自動書記で書かせたものを編纂した本です。さまざまな教えに加えて、将来日本に起こることの予言も書かれています。元々は漢数字や記号ばかりで書かれた意味不明の文を、神典研究者や霊能者が解読して「日月神示《ひつきしんじ》」として編纂し、さらに漢字仮名混じり文にしたものが「ひふみ神示」「一二三神示」とされています。

「ひふみ神示」は、大本の外に降ろされたお筆先です。しかし、大本の開祖・出口直さん（1837年～1918年）におろされたお筆先「大本神諭《おおもとしんゆ》」と、その後を継いで大本を牽引した聖師・出口王仁三郎《でぐちおにさぶろう》さん（1871年～1948年）によるお筆先「伊都能売神諭《いずのめしんゆ》」の霊統に連なる重要な啓示書であり、これらは全て、創造主のご意志に基づき、同じ霊統の神様が書かせたものです。

ある霊能者の方が、私に「是非ひふみ神示を読んでほしい」と勧めてくださったのが読んだきっかけでした。分厚くて少しとっつきにくい本ですが、宇宙の創造主の意志で書かれたものであることは明らかであり、非常に重要な本であることがわかりました。

初めて「ひふみ神示」を読んだ時、本書の前身である自主製作版の私の本にチャネリングに基づいて書いていたことと全く同じ霊界の真相がたくさん書かれていることに驚いたものです。また、「はじめに」でお話ししたとおり、本書には創造主の祝福の光が宿っており、読むと魂の光がとても強く大きくなり、アセンションがしやすくなるのですが、「ひふみ神示」もそうであることがわかりました。本書と「ひふみ神示」は同じ霊統の神様が情報源になっているようです。

さて、カメムシさんが見せてくれたⅳのビジョンで、北から外国が来るというのは、「ひふみ神示」の上つ巻・二十五帖に「北から来るぞ。神は気もない時から知らして置くから、よくこの神示、心にしめて居れよ」とある記載や、富士の巻・十六帖の「北から攻めて来るときが、この世の終わり始めなり」という記載を彷彿とさせます。これらが書かれたのは昭和19年（１９４４年）ですから、第二次世界大戦末期であり、直接には１９４５年のソ連の対日宣戦布告と満州・南樺太・千島侵攻などを指した予言だったようです（参考「岡本天明伝」黒川柚月著　ヒカルランド　２３２頁）。そうしますと、そのすぐ後の「この世の終わり始めなり」という記載は、第二次世界大戦で原爆が落とされたことをこの世の終わりと比喩的に予言したものとも解釈できそうです。

当時、文字通りの意味の「この世の終わり」はやってきませんでした。その意味では、「北から攻めて来るときが、この世の終わり始めなり」というのは、今後の時空を指しているとも取れます。しかも、文字通りの意味かもしれません。

１９４５年のソ連の対日宣戦布告から六十七年経った今、北方領土を巡る緊張は終結するどころか、新たな緊張の高まりを見せています。そう考えますと、カメムシさんに見せられた、北から外国が来るビジョンも全く笑えない今後の日本への警告を含んでいるようです。

④天体の衝突と地軸の傾き

ｖの天体の地球への衝突と地軸の傾きのビジョンはどうでしょう。

そんなことが将来あるとかないとか、もう想像すらつきませんが、朝日新聞デジタル（2012年7月3日）のニュースによりますと、グリーンランドの南西部に三十億年前のクレーターの痕跡が見つかったそうです。小惑星か彗星の衝突によるものと考えられ、当時衝突した天体の直径は三十キロ以上、クレーターも直径が五百～六百キロあったと推定されるそうです。今もしそれが再び起これば、地球の気候が大きく変化し、すべての高等生物が死滅すると考えられるとのこと。確かに、起こらないとは言い切れません。

「ひふみ神示」に、「天地唸るぞ、でんぐり返るのざぞ、世界一度にゆするのざぞ。神はおどすのではないぞ、迫りて居るぞ」（天つ巻・第二十九帖）とあるのは、そういう出来事を連想させる箇所です。

いずれにせよ、私たちは地球という星の静穏な時期にたまたま生まれてきたのであり、いつまでもそれが続くとは限らないわけです。今のように暮らせる地球環境に感謝して、神様の与えてくださった一日一日に感謝しなければいけないのだと、そう感じます。

⑤ＵＦＯ群の飛来

ⅵのＵＦＯが数多く飛来するビジョンについてですが、福島第一原発の事故の直後、日本の上空にも編隊を組んだＵＦＯが飛来し、多くの人が目撃しました。あれほどひどい原発事故を起こせば宇宙に多大な迷惑をかけたはずですから、ＵＦＯが偵察に来たとしてもおかしくないでしょう。

私の知人で、夢がよく現実化する女性がいらっしゃいます。この方が二回見る夢は常に現実化してきたそうです。この方が、5月に私へのメールで「竜巻の夢を二回見ました。二回目の夢は竜巻が三本に分かれて家を飲み込む夢でした」と教えてくださった三日後の２０１２年5月6日に、茨城県など四県で巨大な竜巻が数本発生しました。家屋倒壊など甚大な被害が発生し、まさに夢のとおりのことが起こり、私も驚きました。この女性は、ＵＦＯが来る夢も三回以上見たそうですので、いつか現実化するかもしれません。

ⅶの巨大なＵＦＯのビジョンについてですが、先に「北から攻めて来るときが、この世の終わり始めなり」（富士の巻・十六帖）という一節を引用しましたが、そのすぐ後には「天にお日様一つでないぞ、二つ三つ四つ出てきたら、この世の終わりと思へかし、この世の終わりは神国の始めと思へ、臣民よ」という言葉が続きます。この一節などは、さながらUFOを連想させます。先ほどカメムシさんに視せていただいたビジョンそのものではないでしょうか。

第５節　アセンション

①ベテルギウスの超新星爆発とアセンション

ⅷのビジョンで、遠くの星が爆発する様子が視えましたが、もしかすると天文学者がもうすぐ超新星爆発をする可能性があると予測しているオリオン座のベテルギウスでしょうか。

インターネットで調べますと、ベテルギウスはオリオン座のα星で、冬の大三角の一つをなし、オリオンの右肩にあたる大きな星です。地球から六四〇光年の距離にあり、太陽の二十倍の質量と千倍の大きさを持つ銀河系内の恒星です。明日寿命を迎えて超新星爆発してもおかしくはないとされ、今注目を集めていますが、その一方では、超新星爆発の時期について、ある科学者は百万年以内としか言えないとしているそうです。ベテルギウスの超新星爆発がガンマ線などを発して地球環境に悪影響を与えないのかと議論されていますが、一説にはベテルギウスの自転軸と地球との角度の関係で、ガンマ線バーストは地球から少しずれるため、オゾン層の破壊はないだろうとも言われています。

私の霊視では、ベテルギウスが放つ低い波動は、広範囲の星々に多大な影響を与えており、それによって地上の人々の自我意識を強めています。なぜなら、人間の魂は「上位存在」から派生しており、「上位存在」は星の意識だからです。また、ベテルギウスは地球の霊界に強い負の存在たちを生み出しています。

もし今後、ベテルギウスが超新星爆発で消滅すれば、負の影響が除去されて多くの星々で波動が上昇し、その結果地球の人々の自我意識が大幅に減衰するのではないでしょうか。単純にそれだけ考えれば、人類の精神面には長期的に良い変化を与えそうです。アセンションにとっても追い風となるはずです。

霊能師・シリウスチャネラーである櫻井喜美夫さんは、「出口王仁三郎の大復活　コスモドラゴン降臨」（太陽出版）の中で、ベテルギウスの超新星爆発がもし起これば王仁三郎さんが説いた「みろくの世」（すべての人びとの正しい行いが報われる世）が近づいた印であると述べておられます。

ここで少し魂と星の関係についてお話ししたいと思います。

第2章第1節②や第5章第1節でお話ししましたが、物質の宇宙ではない「根源世界」という場があり、そこには宇宙の創造主を中心とする無数の「源魂」の光が銀河系の星々のような姿で存在しています。よく視ると、一つ一つの「源魂」の中に結跏趺坐で座っている神様がいるのです。仏教の曼荼羅とも似ています。そんな源魂は、物質の宇宙では星とその意識であり、それが地上の人間の上位存在（生まれ変わりをしていない高次霊界の自分）です。地上の人は、それを元にした魂を胸に頂き、転生を続けています。

地球という一つの星に、いろいろな星の意識を魂に宿す我々が一緒に暮らしています。ですから、星々が千差万別であるように、人々も千差万別なのです。地球は神様の壮大な経験のフィールドなのです。

すでにお話ししましたが、私の上位存在はベテルギウスと同じオリオン座の中のある星の意識であり、この星の写真を眺めていると、これが自分だというフィーリングが湧いてきます。サイキック感覚で、自分の自我意識というものが、このベテルギウスから非常に強い影響を受けてきたと感じます（それは私だけではなく、地球の多くの人々も同様だと思いますが）。それだけに、ベテルギウスの超新星爆発があれば、その影響は私自身にとって、とても大きいだろうと予想します。

ここで未来を霊視しますと、ベテルギウスの超新星爆発は百万年以内どころか、かなり差し迫っているようです。２０１２年以内ではないと思いますが、未来の時空との距離感から言って、本当にそう遠くない将来に視えます。

②富士の仕組と鳴門の仕組

さらに霊視すると、ベテルギウスの超新星爆発によって陰のエネルギーが強まり、鳴門の渦潮の放つ陰のエネルギーが強まるビジョンが視えました。ベテルギウスの大爆発の頃までには、富士山の噴火が起こっているのでしょうか。

「ひふみ神示」には、「富士はいよいよ動くから、（中略）富士は神の山ざ、いつ火を噴くか分からんぞ、神は噴かん積もりでも、いよいよとなれば噴かなならんことがあるから」（上つ巻・第二十一帖）云々とあります。

そして、強まった鳴門の渦が放つ陰のエネルギーと、富士山の噴火が放つ陽のエネルギーが根源世界の中心の宇宙卵（宇宙の創造主）で合流して、波動の高い中庸のエネルギーが生み出され、高次元へ宇宙を移行させる原動力となるビジョンが視えます。

「ひふみ神示」には富士と鳴門がよく登場します。
「富士を開いたらまだ開くところあるのざ、鳴戸へ行くことあるのざからこのこと役員だけ心得て置いて呉れよ」（上つ巻・第三十帖）
「富士とは火の仕組ぞ、渦うみとは水の仕組ぞ、今に分かりて来るのぞ」（天つ巻・第三十帖）
「なりなりあまるナルトの仕組。富士（不二）と鳴門（成答）の仕組いよいよぞ」（龍音之巻・第十六帖）
「ひふみ神示」の富士や鳴門は、形而上のことを象徴的に書いているだけとも受け取れますが、もちろんそうした解釈もあるでしょうけれど、私の霊視では、実際の富士山が陽のエネルギーを出し、鳴門の渦潮が陰のエネルギーを出しているビジョンが視えます。それらが、アセンションのために必要な中庸の創造エネルギーをつくり出すというビジョンなのです。

また、次のような一節もあります。
「世の立て替へは水と火とざぞ」（磐戸の巻・第十六帖）
火はカで水はミ。二つでカミ（神）。火が陽で水は陰。二つ合わさって中庸になります。

第5章でお話ししましたとおり、原初の世界で無から陰と陽が生まれ、その陰と陽が中庸の神様をつくり出し、中庸の神様から陰の神様と陽の神様が生み出され、このお三方の神々がいろいろな比率でまとまって性質の違う万物をつくり、多様な宇宙が出来ました。

生物の精子は陰であり、拡散する力を持っています。卵子は陽であり、集めて形づくり、維持する力を持っています。受精により二つが合わさると、中庸の安定した受精卵になります。すると、中庸の受精卵が内に秘めた陰の破壊力で細胞分裂を起こします。二つに分裂した細胞の一つ一つも、内に秘めた陽の力で完全な細胞として形を整え、維持していきます。これを際限なく繰り返し、全体は立派な胎児になっていきます。こうして、本来真逆の性質でバラバラな陰と陽を統括して連携させる力が中庸（宇宙の創造主）なのです。

そのように、もし私たち一人一人が、恐れ（破壊する陰の力）と執着（形づくる陽の力）を神様（魂の光）に捧げれば、神様の方で素晴らしい世界をつくり直して与えてくださいます。

そのお力を信じることができずに、変化を恐れていつまでもお金が全ての物質世界に執着していると、神様は立て替えをできないのです。私たち一人一人の心の変容こそが、つまり、心の中の陰（恐れ）と陽（執着）を神我に捧げることで、神様は立て替えのシナリオを宇宙や世界に外界の事象として実際につくり出せるのです。

一日の全ての行動を、全て神様に捧げて行いましょう。もし本当に皆がこれを実践すれば、物質世界の大難も小難に変わり，世界はあっという間に素晴らしいものに変わります。『この勉強を神に捧げます』『この仕事を神に捧げます』『この旅行を神に捧げます』――そう一言真剣に祈って行いましょう。

③一厘の仕組「天照大神殿の十種の神宝に〵を入れる」とは？

ⅰ「ひふみ神示」は太陽系の変化を予言していた？

「ひふみ神示」至恩の巻に、次のような記載があります。ここはアセンションに関して重要な箇所のようです。

第十五帖「神の申すことは一部一厘違んのであるぞ、今度言ふことを聞かねば大変な気の毒となるぞ、地（智）の下になって了ふのであるぞ、１２３４５６７８の世界が１２３４５６７８９10の世となりて、０１２３４５６７８９10の世となるのぢゃ、０１２３４５６７８９10がマコトと申してあろうがな。裏表で二十二ぢゃ、二二の五ぢゃ、二二は晴れたり日本晴れぞ、判りたか」

第十六帖「太陽は十の星を従へるぞ、原子も同様であるぞ。物質が変るのであるぞ、人民の学問や智では判らん事であるから早う改心第一ぞ、二二と申すのは天照大神殿の十種《とくさ》の神宝に、〵を入れることであるぞ、これが一厘の仕組、なりなりあまるナルトの仕組。富士（二二）となるであろう、これが富士（二二）の仕組、七から八から鳴り鳴りて十となる仕組、なりなりあまるナルトの仕組。富士（二二）と鳴門（成答）の仕組いよいよぞ、これが判りたならば、どんな人民も腰をぬかすぞ。（中略）なりなりて十とひらき、二十二となるぞ、富士（普字）晴れるぞ、大真理世に出るぞ、新しき太陽が生れるのであるぞ」

　ある方から聞いて最近知ったのですが、今年2012年3月に太陽が新しい惑星を生んだそうです。インターネットで探すと、本当に太陽から新しい惑星が分離して飛び出すNASAの驚異的な画像も見られました。こういう現象は、本当に珍しいことのようです。そのすぐ後、偶然私が「ひふみ神示」のこれらの箇所を読んでいたところ、この箇所が太陽系のことを言っているのではないかと思い浮かびました。この箇所をボーッと眺めていると、紙面からビジョンが浮き出し、太陽から惑星が分離するビジョンが視えたのです。

　天照大神殿とは、太陽のことであり、十種の神宝は、太陽系の惑星のことかもしれません。昔は「すいきんちかもくどってんかいめい」（水・金・地・火・木・土・天・海・冥）の九個と覚えたものです。しかし、現在は天文学の会議により冥王星が準惑星とされ、惑星は正式には八個となっています。「ひふみ神示」のこの節が書かれたのは１９６１年で、冥王星の発見は１９３０年だそうですから、書かれた当時は九個だったでしょう。

　今回生まれた星が惑星と定義されるかわかりませんが、神様は新たな星の発見や誕生などをきっと見越していたのでしょう。もし冥王星が定義の関係で惑星から外されていなかったら、今年三月の星の誕生で十個。第十五帖で「１２３４５６７８の世界が１２３４５６７８９10の世となりて」という部分は、今のことを指していると取れないでしょうか。

　そして、さらに「０１２３４５６７８９10の世となる」とありますが、最初の「０」を霊視すると、ベテルギウスが超新星爆発で消滅するビジョンが視えました。これがアセンションへの重大な契機なのでしょう。太陽が十個目の惑星を生み従えて、ベテルギウスが無くなるその時、まことの世になる。「０」がマ、「１２３４５６７８９」が九つの数字でコ、「10」がト、マコトです。これが全体として「天照大神殿の十種の神宝にゝを入れる」ということなのでしょうか？　一厘の仕組ですから、やはりその時まで分かりません。

ii　アセンション後の宇宙は原子のクォークが多い？

　次に、十六帖に「太陽は十の星を従へるぞ、原子も同様であるぞ、物質が変るのであるぞ」とありますが、アセンション後の宇宙の中性子を霊視すると、現在の宇宙の中性子よりも、その中のクオークらしき球の数が多いのです。このことは、つい昨日発見したばかりで、驚きました。卵のような立体楕円形の中性子の中を直線的に往復している球体の数が一個多く、その結果、卵の中に三本の軌道直線があるのです（今の宇宙の中性子は二本に感じられます）。

もしやと思い、新しい宇宙の陽子も霊視したところ、案の定、陽子は卵型の外形をつくり出している陽のクオークが多いことがわかりました。結果として、外側がこの宇宙の陽子よりいっそう分厚い卵型に感じられるのです。

アセンション後の宇宙では、原子を構成する陽子と中性子のクオークが多く、原子の構成が違うようです。これが「物質が変るのであるぞ」というゆえんです。今の宇宙は、物質の素材が少なく粗いものであり、アセンション後の宇宙はもっと上質な素材で、きめ細かく出来ているのでしょう。それが半霊半物質の世界だということかもしれません。

iii　アセンション後はヒッグス粒子が少ない？

ここでまた、先日発見されたばかりの「ヒッグス粒子」を、アセンション前後の宇宙に関して調べてみました。ヒッグス粒子は物質に重さをもたらす素粒子で、約五十年前に存在が予言されていながら見つかっていなかったそうです。２０１２年７月４日に欧州合同原子核研究所がヒッグス粒子と見られる物質を発見したと発表しました（産経新聞　７月

5日付朝刊参照)。

シンプルにヒッグス粒子を視ようと意図を設定して霊視すると、大きな丸い球体がぼんやりと感じられます。道行く人々のオーラのヒッグス粒子を感得してみますと、やはり太った人はこの球体がとても大きく、痩せている人は小さいのです。私が感じ取ったのは、一つ一つのヒッグス粒子ではなく、その集合体かもしれません。

ところが、アセンション後の宇宙では、人々のヒッグス粒子の集合球体が非常に小さいのです。つまり、物質が軽いのだと思います。

――いま、『よかった！　痩せられる！』と思った方はいませんか。残念ながら、これは質量の話ですから、体型となるとどうでしょうか。しかし、少なくとも生活はどんな人にとってもラクになることでしょう。

④アセンションはいつ？

「ひふみ神示」では、年号として確定的なことは一切書かれていませんが、大峠の時期のヒントになるのは次の二つの言葉です。
「子《ね》の歳真中にして前後十年が正念場」（磐戸の巻・第十六帖）
「最も苦しいのは一年と半年、半年と一年であるぞ」（至恩の巻・第十二帖）

子の年は十二年毎に訪れますが、直近の子の年をもとに考えますと、２００８年が子の年でしたから、その前後十年と言えば２００３年～２０１３年です。２０１２年12月にマヤ暦が終わっていると言われており、世界が終わるのではないかという説もありますが、むしろ２０１３年という年が、このまま推移すればいろいろ大きな変動がありそうに感じます。

しかし、２０１３年に本格的なアセンションのプロセスが開始する短期決戦型のシナリオと、その後も険しい道のりの物質世界が続いていくという長期型のシナリオの二つが併存しているように視えます。私たちの意識と神様のご意志が道を決めるでしょう。

そして、日付けに関して気になるのは次の言葉です。

「六月二十八日は因縁の日ざ」（上つ巻・二十四帖）

王仁三郎さんは、１９１４年5月、信者の前で「まもなくヨーロッパで大戦争が起きる」と予告し、その翌月の6月28日に第一次世界大戦勃発のきっかけとなった有名な〝サラエボ事件〟が起きました。第一次世界大戦が勃発した当時、大本の信者達は、『世の立て替えが来た』と思い、王仁三郎さんの予言が的中したことで、大本は急速に信者が増えていったそうですから（「出口王仁三郎　三千世界大改造の真相」中矢伸一著50頁参照）、大本にとって重要な日だったようです。その時には立て替えは来ませんでしたが、もっと長いスパンで捉えれば、やはり第一次世界大戦の開始は世の立て替えプロセスの開始と捉えることもできるでしょう。

そんな１９１４年６月28日から〝正念場〟の来年２０１３年の〝因縁の日〟６月28日までで、ちょうど九十九年。九分九厘です（大本の文献や「ひふみ神示」には、九分九厘とか一厘の仕組という言葉が多く出てきます）。やはり、６月28日は「因縁の日」なのでしょうか。ちなみに、この本を書いている私の誕生日も６月28日です。

「一厘のことは云はねばならず云ふてはならず、心と心で知らしたいなれど、心でとりてくだされよ」（キの巻・第十三帖）とあるとおり、一厘の仕組を先に言ってしまえば成就しないそうですから、神様は明かされませんが、いずれかの年の６月28日に何かが起こり、アセンションのプロセスが完成していくのでしょうか。

いずれにせよ、未来は絶対にこうなると決まっているものではありません。このままいくとこうなりやすいという一応のシナリオは確かにありますが、人々の意識と行動次第で良くも悪くも変わるのです。

人類の良い未来は一部の権力者達の手にあるのではなく、私たちの平凡な一日一日の愛に満ちた良い思いと行動の中にあります。私たち一人一人が、家庭で、学校で、職場で、神我を生きれば、見えない根源世界では大きな変化が起こり、良い世界になっていきます。霊界はそういう仕組みになっています。それが今までわからなかったために、これほど大変な世の中になってしまいました。

もし今後、どんなに大変なことがこの世界に起こったとしても、決してこの物質世界だけを全てと思って悲観しないでください。何千年に一度というこの宇宙的な大移行期を生きている私たちにとって、それは大事な視点です。神様への愛があれば、外界の状況がたとえどうであっても、希望を保ち続けて幸福に生きることができますし、大峠のシナリオも小難に変えていただけます。

これからやって来るアセンションは、まことの世界への移行です。ハートにまことの愛の光が満ちている人たちだけの平安な世界。神様が早く私たちを連れて行きたいと願ってやまない愛の世界。正直者が報われる本当の世界。貪欲な支配者もいなければ、マスコミの世論操作も放射能も人工地震もいじめもありません！　きれいな空気や水や緑が無尽蔵にあります。もう少しの辛抱で私たちはそこへ行けるはずです。

そこへ行くにあたってのハードルは、環境でもなければ支配者でもありません。本当の敵は、神様への疑いや自己の本質（愛、神）についての無知、怒りや恐れや貪欲といったエゴです。それらを一つ残らず見つけ出し、ハートの神様に引き渡しましょう。

さあ、今日も全てをハートの神様に委ねて、愛の光を胸一杯に輝かせて歩みましょう。

そして近い将来、きっと美しい光の世界でお会いしましょう！

おわりに　――執筆にまつわる不思議な話――

「あなたの経験を本に書きなさい」と神様に言われて執筆に取りかかって以来、足かけ五年になります。筆の進まない日々もありました。何度も挫折しそうになりました。でも何とか、神様のご指導の下、ここまで書きつづってこられました。

書こうとして机に向かうと、猛烈な眠さに襲われて、どうにも抵抗できずに、三時間くらい、こんこんと眠ってしまうことがありました。神様から強いエネルギーがやって来て、私のオーラの中にその日に書くべきことが詰まった〝学習キット〟のようなエネルギーの塊をドーンと入れられるのです。それが来ると、もう眠くて睡眠薬を飲まされたように爆睡してしまうのです。

時々、執筆中に間違ったことを書いてしまうと、「ピシッ！」とか、「バシッ！」という大きなラップ音が部屋のいろんな所から鳴り響いてきました。その音がすると、私はすぐに目を閉じて神様の声を聞くモードに入るようにしました。すると、言葉が頭の中に響いてきて、「そう書くのはよくありません。こう書きなさい」といった非常に具体的なアドバイスを受け取ることができたのです。

また、神様の語られるままを、ただメモを取るように書いた部分もあります。「聖なる七つの指針」の部分がそれです。ここは、ほとんど聞こえてきたそのままです。この部分を読みかえしてみますと、「ああ、神様の愛は何と素晴らしいのだろう」と、いつも胸が熱くなってしまいます。そして、これを受け取ったあの夏の海辺の町の美しい風景が、ありありと脳裏に甦ってきます。

執筆にまつわるこの不思議な経緯自体、この本が不思議な神様の啓示であることの証しですが、さらに、本書には神様の強い祝福の光が宿っており、毎日気の向いた箇所を十分〜十五分程度でもお読みいただくと、魂の光が強くて大きい状態を保つことができて、中庸のシナリオを歩むことができます。表紙をただ眺めているだけでも効果があり、「ひふみ神示」同様、〝エネルギー本〟になっています。

この本は、私のヒーリングにいらしてくださった多くの皆様のご協力なくしては決して書くことはできませんでした。皆様に心より感謝申し上げます。また、常に傍らで見守り、支え続けてくれた妻の献身的なサポートに深く感謝致します。そして、最後までお読みくださった皆様と、私の全てである神様に心からの感謝を捧げます。

［参考文献］

「プレアデス星訪問記」上平剛史　たま出版
「プラサード　第2版」サティヤ・サイババ述　サティヤ・サイ出版協会
「アティ・ルッドラ大供犠祭　講話と講演集」サティア・サイババ他述　サティヤ・サイ出版協会
「セヴァ」サティヤ・サイババ述　サティヤ・サイ出版協会
「光の手（上）（下）」バーバラ・アン・ブレナン著　河出書房新社
「癒しの光（上）（下）」バーバラ・アン・ブレナン著　河出書房新社
『「みろくの世」出口王仁三郎の世界』上田正昭監　天声社
「出口王仁三郎の神の活哲学」十和田龍著　御茶の水書房
『出口王仁三郎の遺言　あなたが開く「みろくの世」』櫻井喜美夫著　太陽出版
「出口王仁三郎の大復活　コスモドラゴン降臨」櫻井喜美夫著　太陽出版
「新版　ひふみ神示」岡本天明著　コスモテン
「岡本天明伝　［日月神示］夜明けの御用」黒川柚月著　ヒカルランド

「日月神示　神一厘のシナリオ」中矢伸一著　徳間書店
「ユダヤの救世主が日本に現われる」中矢伸一著　徳間書店
「出口王仁三郎　三千世界大改造の真相」中矢伸一著　ＫＫベストセラーズ
「新書漢文体系２・老子（新版）」阿部吉雄・山本敏夫共著　明治書院
「30分でわかる脳の不思議」高島明彦　監修　日本文芸社
「ブルーバックス　脳内不安物質」貝谷久宣著　講談社
「ブルーバックス　消えた反物質」小林誠著　講談社
「ニュートン　原子の正体」２００９年10月号　ニュートンプレス
「ニュートンムック　アインシュタインの『ひらめき』時間と空間」ニュートンプレス
「ニュートン別冊　みるみる理解できる量子論」ニュートンプレス
「ニュートンムック　真空とインフレーション宇宙論」ニュートンプレス

神岡　建（かみおか　たける）

1963年　東京都練馬区に生まれる
1987年　早稲田大学法学部卒業
1987年　生命保険会社入社
1993年　University of Pennsylvania Law School（LL.M）
1998年　生命保険会社退社
2001年　整体学院卒業
2003年　気功院開業
2005年　ヒーリングスペース開業（現在に至る）

アセンション大預言　危機を乗り越える魂のヒーリング・ワーク

2012年 9 月18日　初版第 1 刷発行
2012年10月10日　初版第 2 刷発行

著　者　神岡　建
発行者　韮澤 潤一郎
発行所　株式会社 たま出版
〒160-0004　東京都新宿区四谷4-28-20
電話　03-5369-3051（代表）
http://tamabook.com
振替　00130-5-94804
組　版　一企画
印刷所　株式会社エーヴィスシステムズ

ISBN978-4-8127-0351-9 C0011